Gymnasium Bayern

Deutschbuch

Arbeitsheft

9

Arbeitstechniken
Aufsatztraining
Grammatik
Rechtschreibung
Texte und Medien
Grundwissen sichern

Herausgegeben von
Wilhelm Matthiessen (München),
Bernd Schurf (Neuss) und
Wieland Zirbs (Passau)

Erarbeitet von
Christl Ostertag (München),
Annegret Schneider (München) und
Konrad Wieland (Passau)

Cornelsen

Inhalt

☆ *Aufgaben mit erhöhtem Schwierigkeitsgrad*

Du kannst dieses Arbeitsheft auch bei der Freiarbeit verwenden. Mit dem Lösungsheft kannst du deine Lernergebnisse selbst überprüfen.

Das Portfolio – Am Beispiel Heinrich Heine

!

Ein Portfolio ist eine **Mappe, in der eigene Produkte gesammelt** werden. Je nachdem, für welchen Zweck und nach welchen Kriterien erfasst wird, unterscheidet man besonders zwei Arten von Portfolios:

- Das **Leistungsportfolio** fasst z. B. eigene Arbeiten im Kunstunterricht oder selbstgeschriebene Texte im Deutschunterricht zusammen.
- Bei einem **Prozessportfolio** geht es darum, eine Entwicklung darzustellen, etwa die Lektüre- und Verstehensfortschritte beim Lesen eines Buches oder die Erarbeitung eines Referates oder einer Facharbeit.

Zu einem **begrenzten Thema** wird in einem **vereinbarten Zeitraum** gearbeitet. Die Aufgaben (auch mündliche) werden auf Protokollblättern festgehalten. Bewertet werden abschließend sowohl die **Dokumentation und Reflexion des Schreibprozesses** als auch die **Qualität des Endproduktes**. Bei den fertigen Mappen wird neben dem **Inhalt** auch die **Gestaltung** (▷ S. 7) bewertet.

Auf den folgenden Seiten lernst du einige Verfahrensweisen zur Erstellung eines Portfolios kennen: Als Beispielaufgabe dient hier eine Präsentation über Heinrich Heine. Zunächst näherst du dich Heine als Dichter, abschließend stellst du den Autor und seine wichtigsten Werke in einem von dir gestalteten Portfolio vor.

Dieselben Arbeitsschritte kannst du auch auf Portfolios anderer Autorinnen oder Autoren anwenden. Die allgemeinen Verfahren sind für alle Portfolio-Themenstellungen hilfreich.

Den Arbeitsfortschritt dokumentieren

Grundsätzlich sollte nach jeder Arbeitsphase für dein Portfolio ein Eintrag in ein **Logbuch** erfolgen, also auch, wenn du zu Hause arbeitest. Die folgende Übersicht enthält die dafür wichtigen Elemente:

Datum	Ort	Aufgabe/Produkt	Arbeitsform	Kurze Reflexion

Mögliche Fragen für die **Reflexion**:

- Mit wem habe ich heute gearbeitet?
- Habe ich heute viel oder wenig erreicht? Woran lag das?
- Was war die wichtigste Erkenntnis, die ich heute gewonnen habe?
- Ist mir die Überarbeitung des Textes gelungen?
- Bin ich mit meiner Mappe bis jetzt zufrieden? Was könnte ich noch verbessern?
- Ich bin nicht ganz fertig geworden. Ich muss noch …

1 *Lege am Computer eine Übersicht für dein Logbuch an und fülle sie nach jedem Arbeitsschritt aus. Am Schluss kannst du sie ausdrucken und deinem Portfolio als **Dokumentation des Arbeitsprozesses** beilegen.*

Im Internet recherchieren

Zunehmend beliebter wird die Recherche im Internet. Dort gibt es viele Datenbanken, in denen große Mengen von Informationen so gespeichert sind, dass sie immer auf dem neuesten Stand gehalten werden können. Nutzer können Datenbanken nach verschiedenen Kriterien durchsuchen und Informationen auswählen.

2 *a) Besuche im Internet die folgenden Websites und verschaffe dir einen Überblick über ihren Aufbau.*

www.heinejahr-2006.de   www.heine-portal.de

www.heinrich-heine.net   www.heinrich-heine-denkmal.de

b) Recherchiere gezielt, beantworte mit Hilfe der Datenbanken folgende Fragen zu Heine.

1. Unter welchem Namen wurde Heine am 13. Dezember (Datum unsicher) 1797 geboren? ______________________
2. Welche Art von Geschäft betrieb Heine offiziell in seiner Hamburger Lehrzeit? ______________________
3. Was studierte Heine offiziell seit dem Wintersemester 1819/20? ______________________
4. Welche Frau bezeichnete Heine als „geistreichste Frau des Universums“? ______________________
5. In welchem Jahr ging Heine nach Paris? ______________________
6. In welchem Jahr wurde die literarische Avantgarde „Junges Deutschland“ durch die Deutsche Bundesversammlung verboten? ______________________
7. Was bedeutet „Matratzengruft“? ______________________

3 *Recherchiere die wichtigsten* ***biografischen Fakten*** *zu folgenden Stichworten, schreibe sie in dein Portfolio.*

Kindheit   Lehrjahre   Studienjahre

Reisen   Wohnorte   Werke (6–10)

4 *Setze Heines Biografie in Beziehung zu den* ***geschichtlichen Ereignissen*** *seiner Zeit. Fertige in deinem Heft eine Tabelle an, in der du Leben und Zeitgeschichte gegenüberstellst. Überlege, inwieweit das historisch-politische Geschehen Heines Leben beeinflusst hat.*

TIPP

Im Internet kann prinzipiell jeder alles veröffentlichen, was nicht gegen Gesetze verstößt. Wenn man Texte, Bilder oder Grafiken aus dem Internet nutzen möchte, muss man die **Qualität** und **Glaubwürdigkeit der Internetquellen** überprüfen. Prüfe:

- ☐ wer der Verfasser ist. Wird eine E-Mail-Adresse oder Kontaktadresse angegeben? Ein Impressum mit allen Daten des Seiteninhabers ist gesetzlich vorgeschrieben.
- ☐ ob die Seite regelmäßig gepflegt und aktualisiert wird: Wie lange liegt die letzte Bearbeitung zurück? Funktionieren die Links noch? Sind sie aktuell?
- ☐ das Ziel der Seite: Will jemand informieren, überzeugen oder etwas verkaufen?

Wo nicht zu ermitteln ist, wer eine Website zu welchem Zweck ins Internet gestellt hat, sollte man sich keinesfalls auf die Seriosität der Informationen verlassen.

☆ **5** *Schreibe zu einer der Heine-Websites (Aufgabe 2) eine zusammenfassende Beurteilung zur Qualität und Glaubwürdigkeit dieser Internetquelle.*

!

Ein Literatur- und Quellenverzeichnis anlegen

Um Herkunft und Wortlaut eines Zitats überprüfbar zu machen, gibt man die **Textquelle** präzise an. Dabei ist zu unterscheiden, ob man aus einem Buch, einem Zeitschriftenaufsatz oder aus dem Internet zitiert.

Zitat aus einem Buchtitel: Name, Vorname: Titel. (ggf. Untertitel). (ggf. In: Titel des Buches, in dem der Beitrag erschienen ist). (ggf. Hrsg.). Verlag, Erscheinungsort(e) und -jahr, Seite	Heine, Heinrich: Deutschland, ein Wintermärchen. Hamburg 1844. Hrsg. v. Joseph Kiermeier-Debre. dtv, München 1997, S. 36
Zitat aus einer Zeitschrift: Name, Vorname: Titel. (ggf. Untertitel.) In: Name der Zeitschrift, Nr. der Ausgabe/Jahr, Seite	Papst, Reinhard: Gedanken sind zollfrei. Zu einer unbekannten Quelle in Heines „Deutschland, ein Wintermärchen". In: Heine-Jahrbuch 31/1992, S. 209–211
Zitat aus dem Internet: Name, Vorname: Titel. URL (genaue Internetadresse), Datum der letzten Recherche auf dieser Seite	Wunderlich, Dieter: Heinrich Heine. Deutschland, ein Wintermärchen (Literaturtipp). http://www.dieterwunderlich.de/Heine_deutschland.htm, 7.7.2007

Notiere deine Quellenangaben am Ende eines jeden Textes oder erstelle ein Quellenverzeichnis am Schluss deines Portfolios. Ordne die Autoren alphabetisch an.

6 *Die folgenden Quellenangaben sind zwar vollständig, aber nicht richtig angeordnet. Schreibe sie gemäß den Vorgaben im Merkkasten richtig auf.*

6.8.2007 · Deutschland, ein Wintermärchen · Vorwort · http://gutenberg.spiegel.de/heine/wintmrch/wintmrch.htm · Heinrich Heine

Nachtgedanken · Hrsg. v. Klaus Briegleb · Heinrich Heine · 2005 Frankfurt · S. 353 · In · Sämtliche Gedichte in einem Band

Mitteldeutsche Zeitung · Interview über Heine · Adolf Endler · 17.2.2006

Bernt Engelmann · In: Heine-Jahrbuch · 1989 · S. 9–11 · Der gute Tambour. Heinrich Heine und die Revolution · 28

☆ **7** *Stelle ein **Literaturverzeichnis** zusammen.*

a) *Fertige eine Übersicht von 6–10 Werken Heines an, die zu seinen Lebzeiten veröffentlicht wurden.*
b) *Kommentiere sechs Werke Heinrich Heines (Entstehungszeit, Inhalt etc.).*
c) *Suche mindestens vier verschiedene Titel über den Dichter Heinrich Heine (z. B. bei* www.amazon.de *oder* www.buchhandel.de*).*

Ein Gedicht von Heinrich Heine findest du auf ▷ S. 87.

TIPP

Überarbeite jeden Text, den du geschrieben hast, sorgfältig, bevor du ihn in deinem Portfolio abheftest.

VORSICHT FEHLER!

Heinrich Heine wurde am 13. Dezember 1797 in Düsseldorf gebo-
ren. Er war nachkömmling des Kaufmanns Samson Heine und des-
sen Frau Elisabeth van Geldern. Er wurde in seiner Jugend Harry
gerufen. Er besuchte ein Lyzeum und geht 1815 als Banklehrling
nach Frankfurt. Zwei Jahre später wurde er nach Hamburg ge-
schickt wo er in das Bankhaus seines Onkels Salomon Heine ein-
tritt. Der Onkel übernahm für den jungen Harry das Finanzieren
eines Kommissionsgeschäfts mit namen „Harry Heine und Comp.“.
Aber Heine machte bald pleite. Daraufhin bezahlte ihm der wohl
habende und gut meinende Onkel ein juristisches Studium. Heine
studierte zunächst in Bonn und dann in Göttingen das er aber im
Wintersemester 1821 schlieslich verlaßen musste. Er ging zum
studieren nach Berlin wo er in den literarischen Salons verkehrte,
zum Beispiel bei Rahel Varnhagen. Ausserdem engagierte er sich
lebhaft in einem Verein für jüdische Kultur und Wissenschaft.

8 *Überarbeite den Text. Gehe dabei folgendermaßen vor:*

a) Unterstreiche alle Textstellen, die einen Fehler enthalten. Benenne die Fehlerart Grammatik GR, Zeichensetzung Z, Rechtschreibung R, Stil (Ausdruck) St am Rand mit Korrekturzeichen.

TIPP

Wenn du unsicher bist, schlage in einem Wörterbuch nach. In diesem Heft findest du Hilfen zur Grammatik ▷ S. 44–47, Zeichensetzung ▷ S. 64, Rechtschreibung ▷ S. 58–63 und zum Stil ▷ S. 48–49 und 56.

b) Bestimme die Grammatikfehler möglichst genau, achte dabei auf Satzbau und Tempus. Verbessere den fehlerhaften Satz (wenn möglich) in der Zeile daneben.
c) Trage in den Text die fehlenden Kommas ein.
d) Markiere alle Nomen und Nominalisierungen. Überprüfe, ob sie alle großgeschrieben sind.
e) Unterstreiche in einer zweiten Farbe Formulierungen, die deiner Meinung nach stilistisch verbessert werden müssten. Schreibe die verbesserten Sätze in die Leerzeile rechts daneben oder in dein Heft.
f) Arbeite den gesamten Text fehlerfrei in deinem Heft aus.

9 *a) Schreibe auf der Grundlage deiner Recherchen einen zusammenhängenden Text über das Leben Heinrich Heines.*
b) Überarbeite deinen Text. Bitte Eltern oder Mitschüler, ihn zu lesen und zu korrigieren.

!

Das Portfolio gestalten
Beim Portfolio wird die Mappe in ihrer Gesamtheit bewertet. Deshalb wird auch besonderer Wert auf die äußere **Form** gelegt, besonders auf eine sinnvolle Gestaltung mit **Titelblatt** (Schule, Name, Klasse, Thema der Arbeit, Fachlehrer), **Inhaltsverzeichnis** und **Einleitung**.

Für die Einleitung kannst du Fragen oder Zitate verwenden, die das Interesse an deinem Thema wecken. Du kannst auch einen Cluster zu deinem Thema erstellen. Ziel der Einleitung ist es, den Leser an die Mappe heranzuführen: Was muss er wissen? Worauf soll er besonders achten? Was findet er nicht in der Mappe?

10 *Verfasse ein nummerisch gegliedertes Inhaltsverzeichnis für dein Portfolio, das alle Texte und Materialien genau dokumentiert. Führe es nach folgendem Muster in deinem Heft fort.*

Überschrift	Texte/Materialien
1 Heinrich Heine: Biografisches	Bild des jungen Heine
1.1 Die Kindheit und Jugend	
1.2 ...	
2 Heinrich Heine und seine Zeit	
2.1	

11 *Wähle einen der folgenden einleitenden Satzanfänge aus und führe ihn mit einer Überleitung fort, an die du dann deinen Einleitungstext anknüpfen kannst. Verwende geeignete Formulierungen, z. B. „deshalb“, „wie ich zeigen will“.*

- ☐ Heinrich Heine ist bis heute ein deutscher Dichter von großer Aktualität ...
- ☐ Auch wenn Literatur vor fast 150 Jahren entstanden ist, muss sie nicht langweilig sein. Heinrich Heine ist ein Autor mit großem Witz und scharfem Verstand ...
- ☐ Was ist an Heinrich Heine interessant?

TIPP

Abschließende Reflexion des Arbeitsprozesses
Reflektiere während der Arbeit an deiner Mappe sachbezogen und selbstkritisch die Fortschritte deiner Arbeit und die daraus gewonnenen Erkenntnisse.

- ☐ Habe ich die gestellte Aufgabe erfüllt?
- ☐ Warum habe ich das Thema gewählt? Hat sich diese Entscheidung im Nachhinein als richtig erwiesen?
- ☐ Was ist mir schwer-, was leichtgefallen? Was hat besonders viel Spaß gemacht?
- ☐ Hat sich meine Zeitplanung bewährt? Was könnte ich beim nächsten Mal besser machen?
- ☐ Was habe ich gut organisiert, was lief weniger gut?
- ☐ Was habe ich gelernt?
- ☐ Wie bewerte ich meine Arbeit? Bin ich zufrieden?

Stelle deine Überlegungen abschließend zu einer Dokumentation des Arbeitsprozesses (▷ S. 3) zusammen und hefte diese an den Schluss der Mappe.

12 *Verfasse einen persönlichen Arbeitsprozessbericht über deine Arbeit am „Heinrich-Heine“-Portfolio.*

13 *Überarbeite das Layout deines Portfolios am Computer. Gestalte die Mappe ansprechend.*

Ein Protokoll schreiben

Protokollieren ist eine spezielle Form des Berichtens. Ein Protokoll, auch als Niederschrift bezeichnet,
- hält wichtige Aspekte eines Geschehens oder eines Gespräches fest,
- schreibt man in unterschiedlichsten Situationen, z. B. in Gerichtsverhandlungen, bei der Polizei oder im Unterricht,
- beschränkt sich auf die wesentlichen Inhalte einer Veranstaltung.

Protokolle haben eine **feste äußere Form**:
- **Protokollkopf** (Anlass/Titel der Veranstaltung, Datum, Uhrzeit, Ort, Leiter/-in der Veranstaltung, Anwesende, Abwesende, Protokollführer/-in, evtl. Thema der Veranstaltung, Auflistung der Tagesordnungspunkte),
- Gliederung des Hauptteils (die eigentliche Niederschrift) in Tagesordnungspunkte (TOPs)
- **Schluss**: **Ort**, **Datum** und **Unterschrift** des Protokollführers oder der Protokollführerin.

Man unterscheidet je nach **Zweck des Protokolls** in:
- **Ergebnisprotokoll** (weitgehend auf das Festhalten von Ergebnissen beschränkt; Tempus ist das Präsens),
- **Verlaufsprotokoll** (ausführliche, in zeitlicher Reihenfolge geordnete Darstellung eines Hergangs oder Gesprächs; Tempus ist das Präsens),
- **Unterrichtsprotokoll/erweitertes Ergebnisprotokoll** (Mischung aus beiden Protokollarten; neben den Ergebnissen werden auch wichtige Stationen des Unterrichts/einer Diskussion festgehalten; Tempus ist das Präsens, ggf. das Präteritum).

In der Klasse 9 a des Sigmund-von-Birken-Gymnasiums Nürnberg findet zu Schuljahresbeginn die erste Klassenratssitzung statt.

1 *Lies die Tagesordnungspunkte 1 und 2 des Unterrichtsprotokolls zu dieser Klassenratssitzung auf Seite 9 und vervollständige anschließend den nachfolgenden Protokollkopf sowie die Übersicht der Tagesordnungspunkte.*

Protokoll der 1. Klassenratssitzung

______

Datum:	30.09.2007
Beginn:	8.00 Uhr
Ende:	
Ort:	
	Cornelia Schuster
Anwesende:	
Protokollführer/-in:	

Tagesordnung:

TOP 1:

TOP 2:

TOP 1:

Die Vorsitzende des Klassenrats, Cornelia Schuster, begrüßt die 24 anwesenden Schülerinnen und Schüler der Klasse 9 a und den Klassenleiter, Herrn Bernd Schiller. Die Schülerin Ronja Leitl fehlt wegen Krankheit. Als Protokollant meldet sich freiwillig der Schüler Kalle Weber.

2 *Unterstreiche im Tagesordnungspunkt 2 alle wichtigen Bestandteile einer Klassenratssitzung.*

TOP 2:

Cornelia Schuster wiederholt die Regeln eines Klassenrats: Eine Woche vor dem Termin hängt die von den Schülern gewählte Vorsitzende eine Liste aus, auf der die Schüler mit Angabe ihres Namens eintragen können, welche Anliegen sie in der Klasse besprechen möchten. Vorgetragen werden nur sinnvolle Themenvorschläge. Der Klassenrat selbst dauert normalerweise eine Schulstunde und wird von der Vorsitzenden geleitet. Wird von ihr ein Tagesordnungspunkt aufgerufen, stellt derjenige, der das Thema zur Sprache bringen wollte, sein Anliegen nochmals kurz dar. Anschließend können alle Schüler ihre Meinung zum Sachverhalt darlegen und Lösungsvorschläge machen. Die Klasse stimmt über diese ab, die Vorsitzende stellt das Ergebnis fest. Die wichtigsten Diskussionspunkte und das Ergebnis der Abstimmung werden vom Protokollanten niedergeschrieben. In der folgenden Klassenratssitzung wird das Protokoll vorgelesen und besprochen, ob die Abmachungen eingehalten worden sind. Die Vorsitzende betont, dass die allgemeinen Gesprächsregeln beachtet werden müssen.

TIPP

Im Protokoll berichtet man **sachlich distanziert** vom jeweiligen Vorgang. Wichtige Gesprächsbeiträge werden in der **indirekten Rede** (▷ S. 54–57) wiedergegeben.

3 *Konjunktiv oder Indikativ? Setze in die Lücken des Tagesordnungspunkts 3 jeweils die passenden Personalformen des Verbs.*

TOP 3:

Otto Bauer ____________ (beschweren) sich über das hässliche Aussehen des Klassenzimmers. Die Wände ____________ (sind) kahl und zum Teil auch verschmutzt, an der Garderobe ____________ (herrscht) dauernd Unordnung. In der Diskussion ____________ (vorschlagen) Anna Lehmann deshalb ____________, man ____________ (können) in einer gemeinsamen Aktion zusammen mit Eltern und Lehrern das Klassenzimmer neu streichen. Außerdem ____________ (geben) es die Möglichkeit, mit dem Geld aus der Klassenkasse eine Zimmerpflanze zu besorgen. Sie ____________ (sein) auch bereit, das Gießen und Düngen zu übernehmen.

TIPP

In vielen Fällen ist die Verwendung des Konjunktivs bei der Wiedergabe einer indirekten Rede ungebräuchlich (▷ S. 54–57). Außerdem erscheint ein Text mit zu vielen Sätzen im Konjunktiv umständlich.
Folgende Möglichkeiten helfen dir, die Konjunktivkonstruktionen gering zu halten:

- Wie im täglichen Sprachgebrauch auch, solltest du bei **gesicherten Aussagen**, die als Tatsachen dargestellt werden, den Indikativ verwenden. Beispiel: „Die Klasse freut sich auf die anstehende Berlinfahrt."
- Der Indikativ steht auch bei der Redewiedergabe als **Paraphrase, bei der der Sprecher eindeutig benannt wird**. Beispiele: „Nach Meinung des Klassleiters ist der Vorschlag nicht durchführbar." „Klaus Meier stellt fest, dass in der Klasse zu viel Unruhe herrscht."
- Äußerungen anderer können auch durch **Infinitivsätze** ausgedrückt werden. Beispiel: „Sie ermahnte uns, nicht zu viel zu verlangen."

4 *a) Unterstreiche im Tagesordnungspunkt 4 alle Prädikatsteile der indirekten Rede.*

TOP 4:

Ariane Götz stellt die Frage, ob man nicht zu Beginn des Schuljahres eine Klassenparty organisieren solle. Schließlich seien sechs neue Schüler hinzugekommen. Auf einer Party könne man sich besser kennen lernen und Freunde finden. Andi Weidmann ist der Meinung, dass man die Party am nahen Baggersee abhalten könne. Sein Vater besitze dort ein kleines Grundstück, dort könne man zelten. Linda Bäumler wendet jedoch ein, dass es im Oktober bereits viel zu kalt sei, um im Freien zu schlafen. Max Krämer betont, er halte Partys sowieso für ungeeignet, um sich kennen zu lernen, da man dort nur laute Musik höre und kaum miteinander reden könne. Deshalb macht er den Vorschlag, man könne den anstehenden Wandertag nutzen und statt des geplanten Museumsbesuchs ein gemeinsames Picknick im Stadtpark arrangieren. Dort habe man ausgiebig Zeit, miteinander ins Gespräch zu kommen. Anschließend sei es möglich, auf der Rasenfläche im Stadtpark ein Volleyballturnier zu veranstalten. Die Mehrzahl der Schülerinnen und Schüler ist mit dem Vorschlag einverstanden, sodass die Klasse einstimmig beschließt, ihn anzunehmen.

b) Formuliere den Tagesordnungspunkt 4 um. Streiche unwesentliche Details und reduziere die Zahl der Konjunktivkonstruktionen auf das unbedingt notwendige Maß.

Ariane Götz schlägt vor, eine Klassenparty zum Schuljahresbeginn zu organisieren.

TIPP

- Unverbindliche oder umgangssprachliche Formulierungen gehören ebenso wenig ins Protokoll wie persönliche Wertungen.
- Der Nominalstil und präpositionale Ausdrücke wie z. B. „mit Hilfe von", „wegen der", „auf Grund von", helfen dir, unübersichtliche Satzkonstruktionen zu vermeiden. Beispiel: statt „Weil einige Schüler sich immer gegenseitig stören ..." kürzer „Infolge gegenseitiger Störungen ..."
- Konjunktionen wie z. B. „wenn", „weil", „als", „obwohl", „damit" helfen dir, logische Zusammenhänge deutlich zu machen.
- Steht das Ergebnis einer Handlung im Vordergrund, verwendest du das Passiv. Beispiel: „Die Anschaffung einer Pflanze für das Klassenzimmer ist beschlossen worden."

5 *Überarbeite den Tagesordnungspunkt 5 inhaltlich und sprachlich.*
a) Unterstreiche dazu die fehlerhaften Formulierungen und begründe in der Randspalte, was falsch ist.
b) Schreibe den Tagesordnungspunkt 5 verbessert in dein Heft.

TOP 5:

Die Vorsitzende Cornelia Schuster ruft als Nächstes schon wieder Helmuth Müller auf. Dieser stellt fest: „Ich finde es uncool, dass wir in der Pause nicht im Klassenzimmer bleiben dürfen. Die Gänge sind total ungemütlich. Ständig wird man rausgejagt, das macht den Lehrern sicher Spaß!" Niklas Wagner meldet sich und fügt hinzu, dass auch er lieber im Klassenzimmer bleiben würde, schließlich könne man dort besser Karten spielen. Bernd Bauer meint, dass im Klassenzimmer auch die Knirpse von der 5 c nicht dauernd nerven würden. Isabella fordert deshalb: „Ich bin dafür, dass sich unser Klassensprecher in dieser Sache beim Schulleiter endlich für uns stark macht." „Keine Chance!", begegnete ihr daraufhin der Klassensprecher Max Krämer genervt. „Das haben wir schon im letzten Jahr versucht, aber der Schulleiter war wegen der Aufsichtspflicht der Lehrer strikt dagegen." Als Kompromiss schlägt Anna-Lena Kraus vor, man könne doch den Schulleiter bitten, einen Aufenthaltsraum für die Mittelstufenschüler einzurichten. Dieser sinnvolle Vorschlag gefällt allen. Wir beschließen deshalb einstimmig, dass die Klassensprecher die Bitte dem Schulleiter vortragen sollen.

Leiterin bekannt, Wertung

Nürnberg, 02. 10. 2007

Kalle Weber

Schulaufgaben vorbereiten

Im Deutschunterricht der Klasse 9 c wurde in den letzten sechs Wochen das Thema Argumentation und Erörterung behandelt. Jetzt, unmittelbar vor der Schulaufgabe, ziehen die Lehrerin und die Schüler jeder für sich Bilanz zum Stand der Dinge.

Die **Lehrerin** geht von folgenden Voraussetzungen bei ihren Schülern aus:	Für **Benno** stellen sich seine persönlichen Voraussetzungen so dar:
☐ Generell wissen die Schüler, dass sie für den Deutschunterricht einen Schnellhefter führen sollen, in dem alle Materialien abgeheftet, Hausaufgaben und Probeaufsätze festgehalten werden.	☐ Zu Beginn der Unterrichtsreihe war er eine Woche krank; sein Freund hat ihm zwei Arbeitsblätter aus der Schule mitgebracht, aber ohne Lösung; auch die Erklärungen des Freundes hat Benno nicht richtig verstanden.
☐ Wie man eine Erörterung schreibt, wurde den Schülern in einzelnen Lernschritten beigebracht und in einer Übersicht an der Tafel festgehalten.	☐ Immer wieder werden im Unterricht Begriffe benutzt, deren Bedeutung Benno nicht ganz klar ist; da alle anderen sie aber zu verstehen scheinen, traut er sich nicht zu fragen.
☐ Zu allen Lernschritten gab es mündliche und schriftliche Übungen, deren Ergebnisse überprüft und gegebenenfalls korrigiert wurden.	☐ Während des Unterrichts hat Benno beim Abschreiben von der Tafel mehrmals getrödelt, sodass einige Mitschriften unvollständig geblieben sind.
☐ Alle Fachbegriffe wurden im Unterricht erläutert und die Begriffsbestimmungen an der Tafel festgehalten.	☐ Die erste Hausaufgabe hat er vergessen zu machen; bei der Besprechung im Unterricht hat er zwar zugehört, aber sich keine Notizen gemacht.
☐ Die Schüler hatten zweimal die Gelegenheit, durch einen Probeaufsatz die Aufgabenstellung der Schulaufgabe (natürlich an anderen Themen) zu üben.	☐ Die zweite Hausaufgabe hat er angefangen, aber nach einer Dreiviertelstunde abgebrochen, weil er zum Training musste.
☐ Die Probeaufsätze wurden gründlich besprochen, Fehler aufgewiesen und korrigiert, gute Ergebnisse herausgestellt und das Positive kenntlich gemacht.	☐ Für den zweiten Probeaufsatz wollte er auch nicht so viel Zeit brauchen und hat ihn deshalb ziemlich schnell „runtergeschrieben"; selbst nicht von seinem Ergebnis überzeugt, hat er dann im Unterricht darauf verzichtet, ihn vorzutragen.
☐ Die Schüler wurden wiederholt aufgefordert, Fragen zu stellen, wenn sie etwas nicht verstanden haben.	☐ In dem Ordner, in dem Benno seine Unterlagen für alle Fächer sammelt, herrscht ziemliches Chaos; an Deutschunterlagen findet er am Nachmittag vor der Schulaufgabe nur wenige Seiten mit Notizen ohne Datum und Überschrift.

1 *Vergleiche die von der Lehrerin angenommenen Voraussetzungen mit Bennos tatsächlicher Situation. Fasse deine Beobachtungen kurz zusammen.*

2 *Welche Tipps lassen sich aus dem Vergleich von S. 12 (▷ Aufgabe 1) herleiten?*

Tipp 1

Tipp 2

Tipp 3

Tipp 4

Tipp 5

Auch wenn man im Unterricht immer aufpasst, alles Wesentliche mitgeschrieben und die Hausaufgaben gemacht hat, ist eine spezielle Vorbereitung vor der Klassenarbeit unerlässlich. Dazu der erste wichtige Ratschlag:

Rechtzeitig mit dem Üben und Lernen anfangen!

3 a) *Was machst du persönlich, wenn du dich auf eine Schulaufgabe im Fach Deutsch vorbereitest? Liste in deinem Heft einige typische Tätigkeiten auf.*
b) *Vergleiche deine Vorbereitung mit dem, was der folgende Text vorschlägt:*

Schulaufgaben vorbereiten – aktiv lernen

Wenn du bei den Schulaufgaben erfolgreich sein willst, solltest du in jedem Fall frühzeitig mit dem Lernen beginnen und dir den zu wiederholenden Stoff in kleinere Einheiten einteilen. Auf diese Weise prägst du dir den Stoff besser ein, du vermeidest ein bloßes Abspeichern im Kurzzeitgedächtnis und gewinnst zudem Sicherheit und Selbstvertrauen. Wichtig beim Wiederholen ist es aber auch, dass du bei den Lernmethoden möglichst abwechselst und dir den Stoff aktiv erarbeitest. Bloßes Lesen oder Überfliegen ist zwar bequem, es reicht aber nicht! Du hast zum Beispiel folgende Möglichkeiten, den Lernstoff ins Langzeitgedächtnis zu bekommen: Schreibe die Schlüsselbegriffe des jeweiligen Textes heraus, formuliere zu Sachtexten abschnittsweise kurze Zusammenfassungen, fasse den Inhalt des Textes für dich (oder einen Mitschüler, ...) mündlich zusammen, versuche, den Lernstoff grafisch darzustellen (z. B. in einer Skizze oder einem Pfeildiagramm), erstelle Lernkärtchen oder einen Spickzettel, arbeite mit Eselsbrücken oder versetze dich in die Rolle des Lehrers und überlege dir mögliche Schulaufgaben zum jeweiligen Stoff. Grundsätzlich gilt: Je intensiver du mit dem Stoff umgegangen bist und je aktiver du dabei gearbeitet hast, desto größer ist der Wissensgewinn und damit die Erfolgsaussicht bei der Schulaufgabe.

c) *Gehe die im Text genannten Übungsformen noch einmal durch und notiere dir in deinem Heft oder auf einem Notizzettel oder -kärtchen Möglichkeiten, diese für die Vorbereitung der nächsten Deutschschulaufgabe umzusetzen.*

Eine freie Erörterung verfassen

!

Erörtern heißt, zu einem Thema zu **argumentieren** und **begründet Stellung zu nehmen**. Ziel ist ein begründetes persönliches Urteil, das sich schlüssig aus dem zuvor dargelegten Gedankengang ergibt. Eine schriftliche Erörterung kann zu einem bestimmten Thema (frei) verfasst werden oder im Anschluss an einen Text (textgebunden).

Eine freie Erörterung kann zwei Formen haben: steigernd oder antithetisch.

1. **Steigernde Erörterung:** Der Schreibende unterstützt oder kritisiert eine Behauptung, Empfehlung, Bewertung oder ein Urteil, zum Beispiel in einem Leserbrief oder in einer persönlichen Stellungnahme. Diese Form der Erörterung wird gewählt, wenn ein Thema als Sach- oder Ergänzungsfrage (W-Frage) oder als Forderung gestellt ist, – z. B.: „Wie kann man Gewalt in der Schule vorbeugen?" oder „Wir fordern Schuluniformen für unsere Schule!"
2. **Antithetische Erörterung:** Der Schreibende setzt sich mit gegensätzlichen Standpunkten (Pro und Kontra) auseinander. Das Ergebnis wird aus der Gegenüberstellung der Argumente entwickelt. Diese Form der Erörterung wird gewählt, wenn ein Thema als Entscheidungsfrage gestellt ist, z. B.: „Sind Noten der wichtigste Ansporn zum Lernen?" oder „Können Noten schulische Leistungen fördern?"

1 *a) Welche Form der freien Erörterung legen folgende Themenformulierungen nahe?*
Trage ein: A für die steigernde Erörterung, B für die antithetische Erörterung.

☆ *b) Ergänze eine oder zwei andere Möglichkeiten der Themenformulierung.*

Sollten Geschäfte auch am Sonntag öffnen dürfen? ☐

Gewaltdarstellungen im Fernsehen sollten verboten werden! ☐

Sind Einlasskontrollen an Schulen sinnvoll? ☐

Der Führerschein ab 16 ist eine Gefährdung der Menschheit im Straßenverkehr. ☐

TIPP

Stoffsammlung
Um eine freie Erörterung zu erstellen, musst du zunächst das **Thema erschließen** und eine Stoffsammlung anlegen. Dabei unterstützen **W-Fragen**.
Eine **Mind-Map** kann dir helfen, Ideen zu verknüpfen und zu ordnen.

2 *Du sollst zu folgendem Thema eine Erörterung schreiben:*
Lehrkräfte sollen Vorbilder sein – Schüler auch!
Notiere Fragen, die dir beim Erschließen des Themas helfen können.

3 *Lege eine Stoffsammlung für deine Erörterung an, indem du die beiden folgenden Mind-Maps in deinem Heft ausarbeitest.*

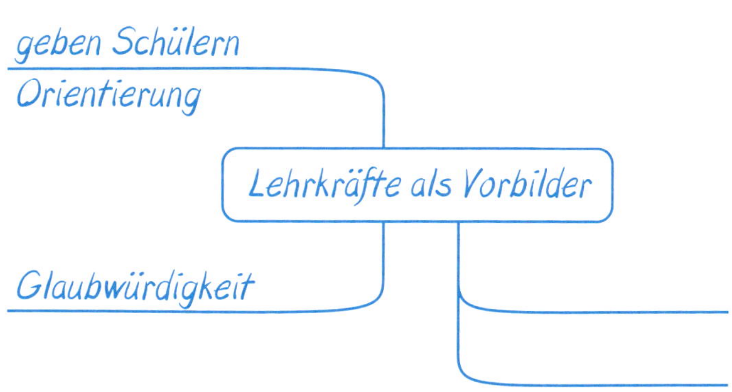

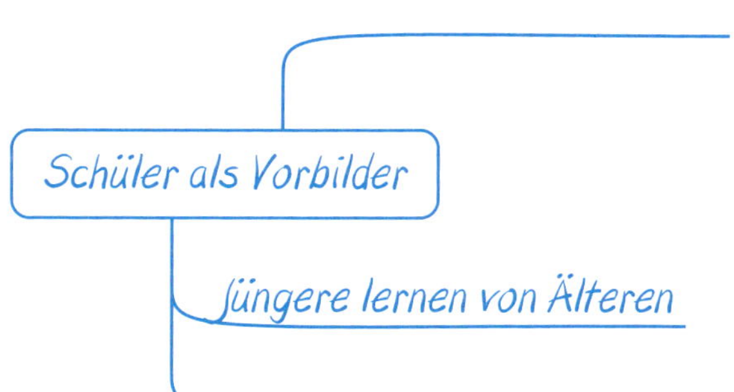

TIPP

Argumente für die Gliederung formulieren
Die Gliederung deiner Erörterung muss einheitlich formuliert werden. Du kannst sie entweder im **Nominalstil** (als Stichpunkte) anlegen oder im **Verbalstil** (ganze Sätze oder Satzteile) aufschreiben.

4 *a) Schreibe Argumente auf, die die Forderung, dass Schüler und Lehrer Vorbild sein sollen, gleichermaßen unterstützen.*
b) Nummeriere die Argumente in der Reihenfolge ihrer Wichtigkeit.

!

Die **Einleitung** soll Interesse für das Thema wecken und gezielt zum Thema hinführen, jedoch keine Argumente aus dem Hauptteil vorwegnehmen.
Als Einstieg (Hinführung zum Thema) gibt es verschiedene Möglichkeiten:
- ein aktuelles Ereignis oder ein persönliches Erlebnis,
- eine allgemeine Feststellung,
- ein historischer Rückblick oder Ähnliches.

5 *Formuliere eine Einleitung zu einer steigernden Erörterung mit dem Thema:*
Lehrkräfte sollen Vorbilder sein – Schüler auch!

Die steigernde Erörterung

Bei einer steigernden Erörterung werden die Argumente nach ihrer Wichtigkeit abgehandelt. Das stärkste Argument steht am Schluss.

Der **Hauptteil** enthält den Argumentationsgang. Du formulierst eine **eigene These** zur Fragestellung oder Kernaussage und stützt diese durch eine Kette von **Argumenten und Beispielen**. Durch die Steigerung in der Gewichtung der Argumente hältst du das Interesse des Lesers wach und verleihst der Position Nachdruck. Gegenargumente werden nur am Rande eingebracht, um mögliche Bedenken gleich auszuräumen.
Der letzte Punkt deines Hauptteils ist eine zusammenfassende und abschließende Stellungnahme:
Du hältst dein **Ergebnis** (Fazit oder Urteil) fest.

Für die **Gliederung** gibt es zwei Möglichkeiten:

traditionelle Gliederung

A. Einleitung: Aktualität/Bedeutsamkeit der Problematik
B. Hauptteil:
- I. Argument
  - 1. … } Stützung durch Beispiele
  - 2. …
- II. Argument
  - 1. …
  - 2. …
- III. Ergebnis, Fazit, Urteil

C. Schluss: Du kannst einen Ausblick oder eine Prognose für die weitere Entwicklung der Problematik geben oder auf weiterführende oder noch ungeklärte Fragen hinweisen.

nummerische Gliederung

1 Einleitung:
2 Hauptteil:
- 2.1 Argument
  - 2.1.1 …
  - 2.1.2 …
- 2.2 Argument
  - 2.2.1 …
  - 2.2.2 …
- 2.3 Ergebnis, Fazit, Urteil

3 Schluss

6 *a) Welche der für Aufgabe 4 a zusammengetragenen Argumente sind für deine Erörterung wichtig? Lege in deinem Heft eine Tabelle nach folgendem Muster an. Trage die wichtigsten Argumente in Stichworten und in der richtigen Reihenfolge in die Tabelle ein. Das stärkste Argument steht am Schluss.*
b) Ergänze die rechte Spalte der Tabelle mit passenden Beispielen, die deine Argumente stützen können.

Argument	Beispiel, Beleg, Zitat

7 *a) Halte dein persönliches Ergebnis (Fazit oder Urteil) in Stichworten fest. Arbeite es im Heft aus.*

b) Schreibe eine Idee für die Ausformulierung des Schlussteils auf.

8 *Verfasse eine vollständige steigernde Erörterung zu dem Thema:* ***Lehrkräfte sollen Vorbilder sein – Schüler auch!***

Die antithetische Erörterung
Die antithetische Erörterung wägt gegensätzliche Standpunkte (Pro und Kontra) gegeneinander ab.
Der **Hauptteil** besteht aus drei Blöcken: einem **Pro- und** einem **Kontra-Teil** sowie einem **Fazit**, in dem du die ausgeführten Positionen gewichtest und dann eine Entscheidung für die Pro- oder Kontra-Position triffst. Die Argumente für die Gegenposition (Gegenthese) stellst du an den Anfang des Hauptteils, die Argumente für die eigene Position (These) stellt man ans Ende, weil die zuletzt genannten Begründungen dem Leser besser im Gedächtnis bleiben.
Innerhalb der Pro- und Kontra-Blöcke geht man in der Regel folgendermaßen vor:

- Bei der Darstellung der Gegenposition (Gegenthese) beginnt man mit dem stärksten Argument und geht Schritt für Schritt zum schwächeren über.
- Bei der Darlegung der eigenen Position fängt man mit dem schwächsten Argument an und lässt dann immer stärkere folgen.

A. Einleitung: Aktualität/Bedeutsamkeit der Problematik
B. Hauptteil:

I. Gegenthese — 1. Argument, 2. Argument, 3. Argument ↙ abnehmende Wichtigkeit } (Stützung aller Argumente durch Beispiele)

Überleitung

II. These — 1. Argument, 2. Argument, 3. Argument ↘ zunehmende Wichtigkeit } (wichtigstes Argument zuletzt)

III. Fazit (Ergebnis), Meinung, die du durch die schriftliche Auseinandersetzung mit beiden Positionen gewonnen hast und die argumentativ erarbeitet wird.
C. Schluss: Ausblick, Prognose, weiterführende oder ungeklärte Fragen

1 *Der Leistungssport ist in die Kritik geraten. Immer mehr Doping-Fälle, in Deutschland vor allem im Radsport, scheinen seinem Image zu schaden.*
a) Formuliere zwei extrem gegensätzliche Thesen zu dem Thema:
Kann Höchstleistungssport heute noch eine Vorbildfunktion erfüllen?
b) Entwickle aus deinen Thesen eine Einleitung (▷ S. 16) für deine Erörterung. Schreibe in dein Heft.

Pro – Befürwortung der Vorbildfunktion:

Kontra – Ablehnung der Vorbildfunktion:

2 *Fertige im Heft eine Übersicht mit Sportlerinnen oder Sportlern an, die du als Vorbild bezeichnen würdest, und begründe deine Wahl.*

Sportler/-in	Begründung
Oliver Kahn	Fairer Verzicht auf Führungsposition als Nationaltorhüter,
	Sportsgeist auf der Bank bei der Fußball-WM 2006, voller Einsatz
	für die Mannschaft, selbst beim letzten Spiel
...	...

3 *Lege eine geordnete Stoffsammlung (z. B. als Mind-Map,* ▷ S. 15*) zur „Befürwortung der Vorbildfunktion" von Leistungssportlern an.*

Spitzenleistung ohne Doping als Ansporn

Pro

4 *Recherchiere die jüngsten Dopingfälle in den Medien und lege eine Stoffsammlung zu der Position „Ablehnung der Vorbildfunktion" an.*

Dopingfälle

Kontra

5 *Überlege, welche weiteren Aspekte gegen eine Vorbildfunktion des Leistungssports sprechen könnten, und notiere diese in Stichworten.*

6 *Ordne den gesammelten Stoff in einer Tabelle nach inhaltlich zusammengehörenden Gesichtspunkten: Bilde Oberbegriffe und ordne diesen die dazugehörenden Stichworte zu. Streiche gegebenenfalls überflüssige oder doppelte Stichworte.*

Oberbegriffe		
Unterbegriffe		

7 *Im Folgenden findest du eine Zusammenstellung von Argumenten und Beispielen zum Thema:*
Kann Höchstleistungssport heute noch eine Vorbildfunktion erfüllen?
a) Ergänze die fehlenden Argumente beziehungsweise Beispiele.
b) Führe die Tabelle fort, indem du zwei weitere Argumente mit Beispiel einträgst.
c) Ordne die Beispiele nach Pro und Kontra, indem du das passende Kästchen ankreuzt.

Argumente	Pro	Kontra	Beispiele
1	☐	☐	Viele Jugendtrainer bestätigen eine große Desillusionierung unter den jungen Nachwuchssportlern.
2	☐	☐	Wissenschaftliche Untersuchungen geben kein einheitliches Bild dazu, wie sich Doping-Skandale auf Nachwuchstalente und deren Leistungsbereitschaft auswirken.
3 Leistungssport vermittelt Ehrgeiz, Durchhaltevermögen und Mut. Er ist Ansporn für alle Nachwuchstalente.	☐	☐	
4	☐	☐	Die Staatsanwaltschaft ermittelt gegen Jan Ullrich wegen des Verdachts des Verstoßes gegen das Arzneimittelgesetz und wegen Betrugs.
5 Die Auseinandersetzung mit der Problematik des Höchstleistungssports sensibilisiert für die eigene körperliche Fitness und Gesundheit.	☐	☐	
6	☐	☐	Jens Voigt gilt als einer der letzten Vertreter für Glaubwürdigkeit im Radsport.
7	☐	☐	
8	☐	☐	

8 *Lies die Argumente auf S. 20 noch einmal genau durch und überlege, welche Position du zum Thema einnimmst. Notiere dann dein Fazit in Stichworten.*

9 *Entwirf die Gliederung für den Hauptteil einer Erörterung zum Thema „Kann Höchstleistungssport heute noch eine Vorbildfunktion erfüllen?“. Beachte die Reihenfolge der Argumente sowie die Ausrichtung auf dein Fazit (▷ S. 18). Schreibe die Gliederung im Nominalstil auf. Arbeite in deinem Heft.*

TIPP

Um **überzeugende Begründungszusammenhänge** zu schaffen, solltest du Verknüpfungen verwenden, die eine Reihung, Steigerung oder einen Gegensatz (bei der Überleitung von einer zur anderen Position) deutlich machen, z. B. „Außerdem ist zu bedenken, ...“, „Gravierender aber ist ...“, Neben den ... fällt vor allem ins Gewicht ...“, „Andererseits darf man nicht übersehen ...“.
Bei der antithetischen Erörterung ist eine geeignete **Überleitung zur eigenen Position** wichtig. Man formuliert sie durch

- Konjunktionen oder Adverbien, z. B.: „trotzdem“, „aber“, „andererseits“, „dagegen“, „dennoch“ usw.;
- Wendungen, die einen Gegensatz (adversativ) oder eine Einschränkung (konzessiv) ausdrücken, z. B.: „Auf der anderen Seite ...“, „Neben den positiven Aspekten ... ergeben sich auch negative ...“ usw.

Inhaltlich kannst du zur eigenen Position überleiten, indem du ein Beispiel oder einen zentralen Gedanken aus der Argumentation zur Gegenthese entkräftest.

Achte auf sinnvolle sprachliche Wendungen, die dein **Fazit einleiten**, z. B.: „Führt man sich abschließend vor Augen, dass ...“, „Betrachtet man ..., dann erscheint doch viel wichtiger ...“, „Auch wenn man zugeben muss, dass ..., beweist dennoch die Tatsache ...“.

10 *Formuliere eine Argumentationskette aus. Arbeite in deinem Heft.*
a) Verwende die folgenden Beispiele. Achte auf passende sprachliche Verknüpfungen.
b) Formuliere eine geeignete Schlussfolgerung.

These:
- Höchstleistungssport hat Vorbildfunktion.

Argumente:
- Tolle Leistungen von Sportlerinnen und Sportlern spornen zum Nachahmen an.
- Sporterfolge zeigen, dass sich Einsatz auszahlt.
- Die körperliche Leistungsfähigkeit von Profisportlern setzt einen Maßstab für den Freizeitsport.

Beispiele:
- Die Handballweltmeisterschaft hat im Jahr 2007 gezeigt, dass ein Team gewinnt, wenn es zusammenhält und wirklich siegen will.
- Die deutschen Biathleten überzeugen durch ihre Hartnäckigkeit. Sie stehen seit Langem an der Weltspitze.
- Der Erfolg der deutschen Nationalelf bei der Fußballweltmeisterschaft 2006 hat die ganze Nation beflügelt.

Schlussfolgerung:

11 *Formuliere in deinem Heft den in Aufgabe 9 geplanten Hauptteil der Erörterung aus. Achte darauf, die Zusammenhänge deiner Argumentation auch sprachlich gut darzustellen.*

Eine textgebundene Erörterung verfassen

!

Eine textgebundene Erörterung entsteht in Anlehnung an eine Textvorlage, z. B. einen Zeitungstext, der eine strittige Frage behandelt oder ein Problem diskutiert. Die folgenden Arbeitsschritte helfen dir, dich kritisch mit einem Text auseinanderzusetzen:

Schritt 1: Text verstehen – **genau lesen** und auswerten.
Schritt 2: **Argumentationsgang des Textes zusammenfassend wiedergeben**: behandeltes Problem/Themafrage, zentrale These(n) und Argumentationskette.
Schritt 3: **Eigene Position entwickeln**: Position des Verfassers durch weitere Argumente stützen oder die vorgebrachten Behauptungen argumentativ entkräften oder weiter differenzieren.

Die textgebundene Erörterung kann antithetisch oder steigernd angelegt sein. Es bietet sich folgender **Aufbau** an:

Einleitung:
- ☐ Benennung des im Text behandelten Problems und der Hauptthese
- ☐ Hinweis auf die Textvorlage (Titel, Verfasser, Textart, Kontext)

Hauptteil:
- ☐ Wiedergabe und Erläuterung der Argumentation des Verfassers
- ☐ kritische Auseinandersetzung mit den Argumenten des Verfassers
- ☐ Fazit: Beurteilung als argumentativ erarbeitetes Ergebnis und Stellungnahme

Schluss:
- ☐ Ausblick, Prognose, weiterführende oder ungeklärte Frage(n)

Um Gedanken aus der Textvorlage wiederzugeben, verwendet man in der Regel die **indirekte Rede** (▷ S. 54) oder die **Paraphrase** (▷ S. 56).
Zur Wiedergabe einzelner wichtiger Formulierungen nutzt man das **Zitat**.

Der folgende Artikel ist am 28. 5. 1998 im Kölner Stadt-Anzeiger erschienen.

Sibylle Knauss
Kompetenz hat kein Geschlecht (1998)

Der Mensch ist eine männliche Spezies[1]. Ihr sprachlich repräsentativer Phänotyp[2] ist ein Mann: Homo sapiens[3]. Als ihm das, vor nicht langer Zeit, erstmals zu Bewusstsein kam, entschuldigte er sich vielmals bei seinen Gefährtinnen, versicherte ihnen, dass sie durchaus mit gemeint seien, und versprach, dass er sich fortan bessern wolle: Liebe Mitbürgerinnen und Mitbürger, hub er an, liebe Zeitgenossinnen und Zeitgenossen, liebe Wählerinnen und Wähler – man spürte, wie sehr er sich Mühe gab. Er wollte das Problem eindeutig und gründlich aus der Welt schaffen. Ja, eine gewisse Beflissenheit, ein Übereifer war ihm dabei anzumerken. Was wollt ihr eigentlich noch mehr?, schien er zu sagen. Seht ihr nicht, dass ich bereit bin, bis an die Grenze der Lächerlichkeit zu gehen, damit ihr zufrieden seid? Reden sind seitdem länger geworden, Texte aufgeschwollener, ihr Inhalt bleibt davon unberührt. Es ist eine sprachliche Geste, keine Aussage. Und wie andere höfliche Gesten trägt es dazu bei, das soziale Klima zu bessern, das zwischen den Menschen herrscht, die Begegnung von Männern und Frauen im öffentlichen Bereich zu erleichtern. Wenn ein Mann einer Frau den Vortritt lässt, in den Mantel hilft, so ist auch das eine Geste, nur altmodischer. Sie bedeutet: Ich bin der Mann von uns beiden, aber ich verzichte darauf, den mir gebührenden Vorteil daraus zu ziehen. Ich verzichte freiwillig, weil ich es mir leisten kann.

Die Sprache ist aber ein eigenes Ding. Sie bewahrt sorgfäl-

[1] **Spezies:** biologische Bezeichnung für Tier- oder Pflanzenart
[2] **Phänotyp:** Erscheinungsbild eines Organismus
[3] **Homo sapiens:** biologische Bezeichnung für „Mensch", wörtl.: vernunftbegabter Mensch/Mann

tig die Spuren längst vergangener Wahrnehmungsmuster. Sie ist verräterisch. In ihr wird für immer der weibliche Mensch als Ableitung des männlichen erscheinen. Das feminine Suffix für immer ein Anhängsel. Die Sprache bläht sich auf, sie muss wichtig tun, wenn sie die Aufmerksamkeit auf das Femininum lenkt. Frau Oberärztin – für immer die weibliche Sonderform einer Erscheinung, die genuin[4] männlich ist. Sprachlich, wohlgemerkt. Hat das den Frauen genützt, die insistierende[5] Häufung von weiblichen Endungen in unserem Alltagstext? Bedeutet sie mehr als ein dekoratives Element, das wir im öffentlichen Leben schon immer gewesen sind? Sind wir außerhalb der Sprache, da, wo es zählt, deswegen mehr präsent? Sollten wir nicht vielleicht eher danach trachten, uns mit sprachlicher Unauffälligkeit zu tarnen, um uns in Politik und Wirtschaft, in Medien und Kultur in möglichst großer Zahl einzuschmuggeln?

Es gibt eine sprachliche Geste, die das belegt und deren zunehmende Verbreitung hoffen lässt. Es ist die Sitte, Frauen wie Männer zu zitieren, indem man ohne Zusatz den Nachnamen verwendet, Sätze vom Typ „Müller sagte ...", „XY führte aus ..." entstehen so. Vor Jahren hätte es sich noch verstanden, dass sich dahinter ein „Herr" Müller verbergen muss. Denn hätte man die Äußerungen einer Frau überhaupt als zitierwürdig befunden, so wäre das durch den Zusatz „Frau" Müller oder die Verwendung des Vornamens hervorgehoben worden. Die kurze, prägnante Benennung mit dem Nachnamen, der seinem Träger als Markenzeichen dient, ihn als Vertreter der eigenen Autorität kennzeichnet, war für Männer reserviert. Wann ist aus Rita Süssmuth[6] einfach „Süssmuth" geworden? [...]

Autorität und Kompetenz haben kein Geschlecht. Wo Gleichrangigkeit herrscht, hat das weibliche Suffix ausgedient. Wozu auf den Unterschied hinweisen, wenn es ihn nicht mehr gibt? Einstweilen gibt es ihn jedoch. Freuen wir uns nicht zu früh darüber, dass man neuerdings auch am Stammtisch von „Bürgerinnen und Bürgern" spricht. Das ist ein Pyrrhussieg[7]. Eine freundliche Geste, weiter nichts. Sie dient der Affirmation[8] bestehender Zustände.

[4] **genuin:** naturgemäß
[5] **insistieren:** auf etwas bestehen
[6] **Rita Süssmuth:** Professorin, CDU-Politikerin, Bundestagspräsidentin a. D.
[7] **Pyrrhussieg:** Scheinsieg
[8] **Affirmation:** Festigung, Bestätigung

1 *a) Lies den Text genau durch.*
b) Lies ein zweites Mal und markiere die Argumente, die zur Hauptthese „Kompetenz hat kein Geschlecht" führen.
c) Teile den Text durch Querstriche in Sinnabschnitte und unterstreiche in einer zweiten Farbe die wichtigste Aussage für jeden Abschnitt.

2 *Fasse mit eigenen Worten die Absicht zusammen, die Sibylle Knauss mit ihrem Artikel verfolgt.*

3 *Schreibe eine Einleitung für eine textgebundene Erörterung zum Text von Sibylle Knauss. Erwähne darin die Hauptthese des Textes „Kompetenz hat kein Geschlecht“.*

4 *Lies den Text erneut und schreibe alle Argumente heraus, die Knauss' These stützen.*

5 *Formuliere selbst Argumente, die noch nicht genannt wurden und die die These des Textes stützen. Notiere diese in Stichworten mit passenden Beispielen.*

6 *Beziehe Gegenposition und formuliere Gegenargumente, um Knauss zu widerlegen. Notiere diese Argumente mit entsprechenden Beispielen und nummeriere sie anschließend ihrer Rangfolge nach. Das wichtigste Argument stellst du an den Schluss.*

7 *Als letzten Punkt des Hauptteils einer textgebundenen Erörterung ziehst du aus der Auseinandersetzung mit allen Argumenten dein persönliches Ergebnis (Fazit). Schreibe es auf.*

TIPP

Argumente und persönliches Ergebnis (Fazit) gehören in den Hauptteil, nicht in den Schluss!

8 *Formuliere einen Schluss zu deiner Erörterung, der die Gedanken der Einleitung wieder aufnimmt und einen Ausblick auf die mögliche weitere Entwicklung gibt.*

9 *Verfasse eine vollständige textgebundene Erörterung zu dem Text von Knauss und schreibe sie in dein Heft.*

Erweiterte Inhaltsangabe eines Sachtextes

!

Die erweiterte Inhaltsangabe eines Sachtextes informiert knapp und sachlich über den Inhalt und den Gedankengang des Textes.

Aufbau der erweiterten Inhaltsangabe:
- Die **Einleitung** macht Angaben über Autor/-in, Titel, Textsorte und ggf. Quelle und fasst in ein bis zwei Sätzen die Kernaussage des Textes zusammen.
- Im **Hauptteil** werden Inhalt und Gedankengang des Textes in eigenen Worten zusammengefasst.
- Im **dritten Teil** wird eine weiterführende Aufgabe bearbeitet, z. B. eine zentrale Textaussage erörtert oder ein bestimmter Untersuchungsaspekt behandelt (Sprache, Aussageabsicht des Autors, Adressaten).

Gib den Inhalt des Sachtextes mit eigenen Worten als **zusammenhängenden Text** wieder. Zeitform ist das **Präsens**, bei Vorzeitigkeit das Perfekt. In der Zusammenfassung erscheint keine wörtliche Rede (verwende stattdessen die **indirekte Rede**, S. 54–56). Einzelne Aussagen oder Feststellungen werden durch **sinnvolle Überleitungen** miteinander verbunden. Inhaltlich neue Gliederungspunkte werden durch **Absätze** kenntlich gemacht.
Interpretierende Aussagen im dritten Teil müssen mit Zeilenangabe belegt werden, entweder als wörtliche Zitate mit Anführungszeichen oder als indirekte Zitate (mit eigenen Worten wiedergegebene Textstellen).

Martin Schlögl

Lara Croft wohnt hier nicht mehr

Als im November 2005 in Singapur die World Cyber Games – so etwas wie die Weltmeisterschaften der Computerspieler – stattfanden, bestand das deutsche Team aus dreiundzwanzig Spielern – wohlgemerkt: Spielern. Spielerinnen waren nicht vertreten.

Lediglich beim Team der Österreicher war eine Frau mit von der Partie; überhaupt die einzige Aktive aus dem deutschsprachigen Raum. Um sich einen der begehrten Plätze im deutschen Team zu sichern, musste man ein paar Wochen vorher auf dem „National Final" seine Geschicklichkeit im Umgang mit Spielen wie „Need for Speed", „Warcraft", „FIFA Soccer" oder „Dawn of War" beweisen. Von den zweihundertzehn Teilnehmern waren gerade mal drei weiblich, das sind weniger als 1,5 Prozent. Nun ist es aber nicht so, dass nur 1,5 Prozent der Mädchen oder Frauen Spaß an Computerspielen haben. 30 Prozent aller Mädchen im Alter zwischen 14 und 19 Jahren spielen am Computer; bei den älteren ist der Anteil ein wenig geringer.

Doch auf LAN-Partys, das heißt Spielesitzungen mit mehreren Vernetzten, beträgt der Frauenanteil wiederum nur fünf bis sechs Prozent. Auch das Freizeitverhalten der Geschlechter ist unterschiedlich. Jungen sitzen viel häufiger vor ihrem Computer als Mädchen. Daher wird das Thema Computerspiele nach wie vor fast ausschließlich mit Männern in Verbindung gebracht. In den letzten Jahren ist jedoch auch dieser Markt, den der Redakteur der Fachzeitschrift „GameStar", Christian Schmidt, als „den konservativsten überhaupt" bezeichnet, in Bewegung geraten – wenn auch nur langsam. Gründe für diese Diskrepanz gibt es mehrere. Der wichtigste ist sicher das Rollenbild. Mit Naturwissenschaften und Technik werden seit jeher eher Männer als Frauen in Verbindung gebracht. Dementsprechend fördern viele Eltern bei Jungen die technische, bei Mädchen dagegen die soziale Kompetenz.

Auch wurden Computerspiele jahrzehntelang von fast ausschließlich männlich besetzten Entwickler-Teams produziert. Und die produzierten dann eben Spiele, die Männer spielen wollten und wollen. Die Helden vieler Computerspiele der Vergangenheit, aber auch der Gegenwart sind wilde Krieger, furchtlose Rennfahrer und ähnliche Charaktere. Männer bevorzugen einschlägigen Umfragen zufolge Geschicklichkeitsspiele, zu denen auch alle Arten von Ego-Shootern, Sport- oder Autorennspiele zählen; dann folgen mit großem Abstand Abenteuerspiele. Simulationen und Denk- beziehungsweise Logikspiele finden nur mäßigen Zuspruch. Frauen bevorzugen zwar auch Geschicklichkeitsspiele, haben aber häufig Probleme mit sinnloser Zerstörung oder Ballerei, wie sie bei vielen Spielen an der Tagesordnung ist. Denk- und Logikspiele oder Spiele, bei denen die Kreativität im Vordergrund steht, haben bei Frauen einen wesentlich höheren Stellenwert als bei Männern. Das mag damit zusammenhängen, dass das Einstiegsalter der weiblichen Spieler zur Zeit noch ein paar Jahre über dem der Jungs liegt.

Zudem bevorzugen viele Frauen Spiele, die man mit mehreren Leuten gleichzeitig spielen kann. Die Kommunikation und Interaktion ist für sie ein nicht unwesentlicher Teil des Spielens selbst. Ungefähr 20 Prozent aller Computerspieler hierzulande sind weiblich, so eine in vielen einschlägigen Quellen angegebene vorsichtige Schätzung. Das ist immer noch recht wenig, wenn man bedenkt, dass der Computer als Arbeitshilfe oder das Internet fast zu gleichen Teilen von Männern und Frauen genutzt werden. In anderen Ländern, speziell in Fernost (Japan, Südkorea), aber auch in den Vereinigten Staaten ist man da schon weiter. In Südkorea spielen sogar weitaus mehr Frauen als Männer: ganze 69 Prozent. Das alles sollte Grund genug für die Softwarefirmen sein, ihre Spielepolitik zu überdenken. [...]

Es gibt zwar immer mehr Frauen, die auch an der Entwicklung der Spiele aktiv – nicht nur als Sekretärin – beteiligt sind, doch die Zahl der Auszubildenden an der Berliner Games Academy, der ersten deutschsprachigen Spezialschule für den Bereich der Computer- und Videospielproduktion, zeigt, dass die Branche nach wie vor fest in Männerhand ist: Von derzeit 75 Studenten sind gerade mal drei weiblich. Und unter den 80 Dozenten, die in jedem Semester zum Einsatz kommen, sind lediglich fünf bis sechs Frauen. In anderen Ländern haben Frauen zwar einen höheren Anteil, aber auch dort sind sie klar in der Minderheit.

Frankfurter Allgemeine Zeitung, 02.03.2006

TIPP

Folgende Leseschritte helfen, einen **Sachtext zu verstehen**:
- ☐ sich einen Überblick verschaffen
- ☐ den Text genau lesen und Randbemerkungen machen
- ☐ Unverstandenes klären
- ☐ Aussagen einzelner Sinnabschnitte erkennen

1 *Überfliege den Text auf S. 26 und 27 und fasse mit eigenen Worten zusammen, worum es geht.*

2 *a) Lies den Text erneut und kläre gegebenenfalls unbekannte Wörter.*
b) Unterstreiche die wichtigsten Aussagen in jedem (Sinn-)Abschnitt.
c) Schreibe zu jedem Abschnitt in eigenen Worten Stichworte an den Rand.

3 *Benenne mit eigenen Worten die Kernaussage des Textes.*

4 *Beschreibe den Aufbau des Textes.*
a) Unterstreiche in verschiedenen Farben, wo der Verfasser sachlich informiert, wo er argumentiert und wo er Beispiele bringt.
b) Arbeite nach folgendem Muster eine Tabelle in deinem Heft aus. Ordne die Textbelege mit Zeilenangabe in die Tabelle ein.

Informationen	Argumente, Wertung	Beispiele
Z. 1–3: World Cyber Games		

c) Fasse deine Ergebnisse aus der Tabelle in einem zusammenhängenden Text zusammen. Entscheide, welches Zitat wichtig genug ist, wörtlich wiedergegeben zu werden, und wo du Formen der indirekten Rede verwenden solltest. Verdeutliche deine Feststellungen durch sinnvolle Zuordnungen, z. B.:

konkretes Beispiel · Hinführung · Zahlenmaterial · verdeutlichen · informieren
Hintergrundwissen vermitteln · hinweisen auf · detaillierte Information geben
veranschaulichen · belegen · ausführliche Darstellung · aufmerksam machen auf

Weiterführende Aufgabe: Die Sprache des Textes untersuchen
Es können drei Gesichtspunkte untersucht werden:
- **Satzbau**: Enthält der Text bestimmte Satzarten besonders häufig? Fallen komplizierte Satzgefüge auf? Sind die Sätze eher kurz oder lang?
- **Sprachebene**: Verwendet der Autor Standard- oder Umgangssprache (s. S. 48–50)? Benutzt er Jugend- oder Fachsprache?
- **Wortwahl**: Welche auffälligen Verben, Adjektive, Nomen enthält der Text? Tauchen Fremdwörter oder Fachbegriffe auf?

Die Analyse darf dabei nicht bei der bloßen Benennung der jeweiligen sprachlichen Auffälligkeiten stehen bleiben, sondern sie muss auch deren Wirkung in Betracht ziehen.

5 a) *Markiere im Text sprachliche Auffälligkeiten. Verwende unterschiedliche Farben für den Satzbau, die Sprachebene und Wortwahl.*
b) *Ordne den sprachlichen Mitteln in der unten stehenden Tabelle jeweils Textbelege zu. Ergänze die Zeilenangaben.*
c) *Beschreibe die Wirkung der gefundenen Auffälligkeiten.*

Sprachliche Mittel	Textbeispiel/Zeilenangabe	Wirkung
Satzbau		
Sprachebene		
Wortwahl		

Weiterführende Aufgabe: Autorenabsicht und Adressaten bestimmen
Sachtexte dienen der Weitergabe von Informationen. Man kann sie der Aussageabsicht nach in drei große Gruppen einordnen, die sich wiederum in unterschiedliche Textsorten gliedern:

Textfunktionen	Textsorte (Beispiele)
Informierende, berichtende Texte Sachliche oder persönlich schildernde Information über ein Ereignis oder ein Thema	Bericht, Reportage
Wertende Texte Meinungsbildende Stellungnahme zu einem Thema	Kommentar, Leserbrief
Appellative (auffordernde) Texte Lesende sollen zu einer bestimmten Handlung veranlasst werden	Flugblatt, Aufruf, Rede

6 a) *Markiere im Text Passagen, die eine bestimmte Aussageabsicht vermuten lassen.*

b) *Werte deine Markierungen aus und beschreibe kurz die Aussageabsicht Martin Schlögls.*
c) *Welche Adressaten spricht der Autor an? Belege deine Einschätzung mit Hilfe des Textes.*

Mögliche Adressaten	Textbeleg

7 a) *Was gehört in die Einleitung einer erweiterten Inhaltsangabe? Schreibe dazu eine Regel in dein Heft.*
b) *Prüfe die folgenden Einleitungen und kreuze an, welche geeignet ist. Achte darauf, ob die Informationen richtig, vollzählig und sinnvoll angeordnet sind.*

☐ A Die Reportage „Lara Croft wohnt hier nicht mehr" stammt vom 36-jährigen Journalisten Martin Schlögl aus Frankfurt. Der Text erschien am 23. Mai 2006 in einem Heft des Magazins „Der Spiegel". Er erhielt den Henri-Nannen-Preis.

☐ B Der Text stammt von dem 36-jährigen Journalisten Martin Schlögl aus Frankfurt. Er setzt sich in seiner Reportage mit dem Problem der Frauenquote in IT-Berufen auseinander. Der Text erschien am 2. 3. 2006 in der FAZ.

☐ C Der Text „Lara Croft wohnt hier nicht mehr" ist eine Reportage und stammt von Martin Schlögl. Der Text wurde 2006 in der FAZ veröffentlicht und berichtet über die unterschiedliche PC-Spiele-Nutzung durch Männer und Frauen.

☐ D „Lara Croft wohnt hier nicht mehr" handelt von Frauen als Spieleentwickler. Der Text wurde in der Tageszeitung FAZ veröffentlicht. Der Autor ist Martin Schlögl, ein 36-jähriger Journalist.

8 *Verfasse eine erweiterte Inhaltsangabe zu dem Text „Lara Croft wohnt hier nicht mehr". Beurteile die Aussageabsicht des Textes und belege deine Ergebnisse am Text. Schreibe in dein Heft.*

Erweiterte Inhaltsangabe eines literarischen Textes

!

Eine erweiterte Inhaltsangabe eines literarischen Textes informiert **kurz** und **sachlich** über den Inhalt des Textes und arbeitet mindestens eine weiterführende Aufgabe zum Text aus. Um einen literarischen Text zusammenzufassen, musst du ihn zuerst genau lesen. Fasse die wesentlichen Aspekte des Handlungsverlaufs in der zeitlich richtigen Reihenfolge zusammen.
Über den **Aufbau** und das **Verfassen** einer erweiterten Inhaltsangabe informiert der Merkkasten auf S. 26.

Die **weiterführende Aufgabe** kann sich beziehen auf: die Figuren, ihre Charakteristik oder ihre Beziehung zueinander, den Aufbau des Textes, die sprachliche Gestaltung des Textes, seine Wirkung, die Erzählform und Erzählperspektive und anderes mehr.

1 *Lies die folgende Kurzgeschichte (Merkmale der Kurzgeschichte S. 69).*

Günther Weisenborn
Die Aussage (1947)

Als ich abends gegen zehn Uhr um mein Leben klopfte, lag ich auf der Pritsche und schlug mit dem Bleistiftende unter der Wolldecke an die Mauer. Jeden Augenblick flammte das Licht in der Zelle auf und der Posten blickte durch das Guckloch. Dann lag ich still.

Ich begann als Eröffnung in gleichmäßigen Takten. Er erwiderte genauso. Die Töne waren fein und leise wie sehr weit entfernt. Ich klopfte einmal – a, zweimal – b, dreimal – c.

Er klopfte unregelmäßig zurück. Er verstand nicht. Ich wiederholte. Er verstand nicht. Ich wiederholte hundertmal, er verstand nicht. Ich wischte mir den Schweiß ab, um meine Verzweiflung zu bezwingen. Er klopfte Zeichen, die ich nicht verstand, ich klopfte Zeichen, die er nicht verstand.

Ratlosigkeit.

Er betonte einige Töne, denen leisere folgten. Ob es Morse war? Ich kannte nicht Morse. Das Alphabet hat 26 Buchstaben. Ich klopfte für jeden Buchstaben die Zahl, die er im Alphabet einnahm: für h achtmal, für p sechzehnmal.

Es tickten andere Takte herüber, die ich nicht begriff. Es schlug zwei Uhr. Wir mussten uns unbedingt verständigen. Ich klopfte:

. = a, . . = b, . . . = c

Ganz leise und fern die Antwort:

–. –. –.

Keine Verständigung. In der nächsten Nacht jedoch kam es plötzlich herüber, ganz leise und sicher:

., . . ., . . .

Dann die entscheidenden Zeichen: zweiundzwanzig gleiche Klopftöne. Ich zählte mit, das musste der Buchstabe V sein. Dann fünf Töne. Es folgte ein R, das ich mit atemlos kalter Präzision auszählte. Danach ein S, ein T, ein E, ein H, ein E

... verstehe ...

Ich lag starr und glücklich unter der Wolldecke. Wir hatten Kontakt von Hirn zu Hirn, nicht durch den Mund, sondern durch die Hand.

Unser Verstand hatte die schwere Zellmauer des Gestapokellers überwunden. Ich war nass vor Schweiß, überwältigt vom Kontakt. Der erste Mensch hatte sich gemeldet. Ich klopfte nichts als

... gut ...

Es war entsetzlich kalt. Ich ging den Tag etwa 20 Kilometer in der Zelle auf und ab, machte im Monat 600, in neun Monaten 5 400 Kilometer, von Paris bis Moskau etwa, wartende Kilometer, fröstelnd, auf mein Schicksal wartend, das der Tod sein musste. Ich wusste es und der Kommissar hatte gesagt, dass bei mir der Kopf nicht dranbleiben würde.

Die zweite Aussage lag eben vor, daran war nichts zu ändern. Es war nur eine Hoffnung, wenn K. diese Aussage zurücknehmen würde. In der Nacht klopfte ich ihn an:

„Du ... musst ... deine ... Aussage ... zurücknehmen."

Er klopfte zurück: „Warum?"

Ich: „Ist ... zweite ... Aussage ... gegen ... mich ... bedeutet ... Todesurteil."

Er: „Wusste ... ich ... nicht."

Ich: „Wir ... sind ... nicht ... hier ... um ... Wahr-

heit ... zu ... sagen."
Er: „Nehme ... zurück."
Ich: „Danke."
Er: „Morgen."
Ich: „Was ... brauchst ... du?"
Er: „Bleistift."
Ich: „Morgen ... Spaziergang."

Es wurde plötzlich hell. Das Auge der SS blickte herein. Ich lag still unter der Decke. Es wurde wieder dunkel. Ich hatte Tränen in den Augen. „Nehme zurück." Das werde ich nie vergessen. Es kam ganz fein und leise taktiert durch die Wand. Eine Reihe von kaum wahrnehmbaren Tönen, und es bedeutete, dass für mich die Rettung unterwegs war. Sie bestand diese Nacht nur im Gehirn eines Todeskandidaten, drüben in der Zelle acht, unsichtbar, winzig. Morgen würden es oben Worte werden, dann würde es ein unterschriebenes Protokoll im Büro sein und eines Tages würde all dies dem Gericht vorliegen.

„Dank in die Ewigkeit, K.!"

Ich brach von meinem Bleistift die lange Grafitspitze ab und trug sie während des Spaziergangs bei mir. Es gingen ständig sechs Mann, immer dieselben, die ich nicht kannte, im Kreis um den engen Gestapohof.

Zurückgekehrt standen wir auf unserem Flur zu drei Mann, weit voneinander entfernt, und warteten einige Sekunden, bis der Posten uns nachkam. Ich eilte heimlich auf Zelle acht zu, riss die Klappe auf, warf die Bleistiftspitze hinein, schloss die Klappe lautlos und stellte mich an meinen Platz. Ich werde nie das erstaunte Aufblicken seiner sehr blauen Augen, sein bleiches Gesicht, die Hände, die gefesselt vor ihm auf dem Tisch lagen, vergessen. Der Posten kam um die Ecke. Das Herz schlug mir bis zum Hals. Wir wurden eingeschlossen.

Später klopfte es: „Danke ... habe ... Aussage ... zurückgenommen."

Ich war gerettet.

Vielleicht.

2 *Notiere deine ersten Leseeindrücke.*

3 a) *Lies die Kurzgeschichte erneut und kläre gegebenenfalls unbekannte Wörter.*
b) *Gliedere den Text in Sinnabschnitte.*
c) *Schreibe zu jedem Abschnitt in eigenen Worten Stichworte an den Rand und fasse den Inhalt eines jeden Abschnitts in einem oder zwei Sätzen in deinem Heft zusammen.*

Abschnitt 1 (Zeile):

4 a) *Markiere die zentralen Schlüsselwörter der Kurzgeschichte.*
b) *Fasse mit eigenen Worten die Kernaussage des Textes zusammen.*

5 a) *Lege in deinem Heft eine räumliche Skizze zur Ausgangssituation der beteiligten Figuren an.*
b) *Benenne den Ort und die Zeit der Handlung.*

6 *Schreibe die Inhaltsangabe in dein Heft. Achte auf eine vollständige Einleitung (S. 26) und darauf, dass du die Handlung in der richtigen Reihenfolge wiedergibst.*

!

Erweiterte Aufgabe: Figuren charakterisieren
Wichtige Figuren werden anhand ihrer äußeren und inneren Merkmale **charakterisiert**. Dazu können folgende Aspekte gehören:

- ◻ Erscheinungsbild,
- ◻ Lebensumstände,
- ◻ typische Verhaltensweisen,
- ◻ Gefühle, Wünsche, Motive,
- ◻ Funktion der Figur,
- ◻ Beziehungen zu anderen Figuren.

Ermittle Textstellen, in denen wichtige Eigenschaften der Figur entweder **indirekt durch ihr eigenes Verhalten** charakterisiert werden oder **direkt durch Aussagen anderer Figuren**.
Die Charakteristik ist ein wichtiges Hilfsmittel, um die Einstellungen und Motive herauszuarbeiten, die das Denken und Handeln einer literarischen Figur bestimmen. Oft mündet sie in eine abschließende Bewertung der Figur.

7 *Notiere kurz: Um wie viele Figuren geht es in der Kurzgeschichte? Wie stehen sie zueinander?*

8 a) *Lege eine Stoffsammlung an: Unterstreiche im Text Stellen, die etwas über die Lebensumstände und das innere Erleben der Hauptfigur mitteilen.*
b) *Fasse die Informationen zu einer Charakteristik der Hauptfigur zusammen. Gehe auf ihre Überlegungen ein, den Mithäftling zur Rücknahme seiner Aussage zu bewegen. Entscheide, welche Textstelle so wichtig ist, dass du sie wörtlich zitieren möchtest.*

!

Erweiterte Aufgabe: Die sprachliche Gestaltung analysieren
Um die sprachliche Gestaltung zu erschließen, musst du zunächst den Satzbau und die Wortwahl untersuchen. Kläre die Sprachebene (▷ S. 48) und die Stilfiguren (Metapher, Wiederholung, Vergleich, ▷ hintere Umschlagseite) und erläutere deren Wirkung.

9 a) *Wie werden die Gedanken und Gefühle der Hauptfigur sprachlich dargestellt? Markiere im Text Satzbau und Wortwahl.*
b) *Erkläre, wie die sprachliche Darbietung wirkt.*

Erweiterte Aufgabe: Merkmale des Erzählens erschließen

Der **Erzähler** lässt sich nach seinem Wissen charakterisieren (**Erzählverhalten**):
- allwissender (**auktorialer**) Erzähler,
- Erzählen aus der Perspektive einer Person (**personaler** Erzähler),
- sachlich berichtender Erzähler (**neutraler** Erzähler).

Die **Erzählform** unterscheidest du in
- Ich-Form und
- Er-/Sie-Form.

Formen der Darbietung:
- **Figurenrede**: Figuren können in literarischen Texten zu Wort kommen: Sie können sich in **direkter** oder in **indirekter Rede** (▷ S. 54–56) äußern, ihr Innenleben kann aber auch in **erlebter Rede** (Wiedergabe von Gedanken/Gefühlen in der 3. Pers.) oder im **inneren Monolog** (Wiedergabe von Gefühlen/Gedanken in der 1. Pers.) dargestellt werden.
- **Erzählbericht**: Der Erzähler vermittelt den Erzählgegenstand aus einer äußeren Position, er streut Kommentare, Überlegungen oder Betrachtungen ein.

10 *Prüfe, welche Erzähltechniken Günther Weisenborn einsetzt.*

a) Bestimme die Erzählform.

___

b) Bestimme das Erzählverhalten. Belege deine Sichtweise durch passende Textstellen.

___

___

___

___

___

c) Mit welcher Wirkung verwendet der Erzähler die direkte Rede? Wähle geeignete Textpassagen aus und beschreibe die Wirkung der Darstellungsweise.

___

___

___

d) Arbeitet der Erzähler mit erlebter Rede und innerem Monolog? Analysiere den Text daraufhin und fasse deine Ergebnisse zusammen. Beschreibe auch, wie die Darstellungsweise auf den Leser wirkt.

___

___

___

___

Erweiterte Aufgabe: Den Aufbau der Handlung darstellen
Die Handlung eines literarischen Textes kann wie folgt aufgebaut sein:
- **linear** (chronologisch fortlaufend),
- mit **Rückblenden** oder **Vorausdeutungen** oder
- es können **mehrere Handlungsstränge** gleichzeitig ablaufen.

Beschreibe auch, wie die Darstellungsweise auf den Leser wirkt.

Ermittle auch die Gestaltung und Funktion von **Anfang und Schluss** des literarischen Textes.

11 *Beschreibe den Aufbau der Handlung und seine Wirkung. Deine Arbeitsergebnisse aus Aufgabe 3 helfen dir dabei.*

12 *Erläutere die Funktion des Schlusses für die Kurzgeschichte „Die Aussage".*

☆ **13** *Bearbeite zu der Kurzgeschichte „Die Aussage" eine der folgenden weiterführenden Aufgaben:*
a) Charakterisiere anhand des Textes die Figur des Gestapo-Häftlings. Beurteile sein Verhalten gegenüber dem zweiten Häftling K.
b) Zeige auf, mit welchen sprachlichen Gestaltungsmitteln ein Spannungshöhepunkt in der Kurzgeschichte erzeugt wird. Beschreibe, wie diese sprachlichen Gestaltungsmittel auf den Leser wirken.
c) Bestimme die Erzählform und das Erzählverhalten in der Kurzgeschichte „Die Aussage" und beschreibe, wie die Gedanken des Häftlings dargestellt werden.

Eine Bewerbung verfassen

Bestandteile eines Bewerbungsportfolios
Eine ansprechende Bewerbung kann die Eintrittskarte für einen passenden Praktikums- oder Ausbildungsplatz sein. Es lohnt sich also, der Bewerbung besondere Aufmerksamkeit zu schenken.

- Eine vollständiges Bewerbungsportfolio besteht aus einem **Anschreiben** und einer **Bewerbungsmappe**. In dieser sind dein **Lebenslauf** mit Foto, die Kopie deines letzten **Schulzeugnisses** (Jahreszeugnis) zusammengefasst sowie **Nachweise über bereits abgeleistete Praktika** oder **ehrenamtliche Tätigkeiten**.
- Außerdem kann die Bewerbungsmappe noch von einem **Deckblatt** und einer so genannten „**Dritten Seite**", ergänzt werden.

Die Bewerbung auf die jeweilige Arbeitsstelle abstimmen
Eine Bewerbung muss genau auf die Anforderungen der angestrebten Tätigkeit abgestimmt sein. Stelle möglichst vorteilhaft dar,

- weshalb du dich um einen bestimmten Praktikums- oder Ausbildungsplatz bewirbst (**Motivation**) und
- welche Fähigkeiten und Eignungen du für genau diese Stelle mitbringst (**Qualifikationen**).

Unerhebliche oder eher nachteilig wirkende Informationen solltest du weglassen. Bleib bei deinen Angaben aber stets bei der Wahrheit!

Der Schüler Klaus Kramer aus der 9 d des Luitpold-Gymnasiums in München hat beschlossen, nach der zehnten Klasse die Schule zu verlassen und eine Ausbildung zu beginnen. Er möchte sich noch orientieren und interessiert sich deshalb sowohl für einen Praktikumsplatz als auch für Lehrstellenangebote. In der Münchener Zeitung vom 09. 10. 2007 liest er folgende Inserate:

TROLLHAUS (Kindertagesstätte in privater Trägerschaft)
sucht in den Sommerferien eine(n)
Schüler-Praktikantin/-en
mit Freude an der Arbeit mit Kindern im Alter zwischen 3 und 6 Jahren für den Einsatz im pädagogischen Bereich.

Schriftliche Bewerbung bitte an:
Kindertagesstätte Trollhaus, Frau Martina Müller,
Heineweg 5, 80331 München

A

Wir suchen
Auszubildende(n) Bankkauffrau/-kaufmann.
Sie haben gute Schulnoten und demnächst die mittlere Reife oder Ihr Abitur in der Tasche?
Sie sind aufgeschlossen, eigeninitiativ und selbstständig, team-, service- und vertriebsorientiert, lernbereit, zielstrebig, mobil, flexibel, kreativ und hochmotiviert?

Schicken Sie Ihre aussagekräftige Bewerbung an:
Privatbank München, Herr Rupert Zeiler,
Danteallee 3, 80331 München

B

1 *Klaus notiert, was ihm über seine Person wichtig erscheint. Für die beiden Bewerbungen will er sortieren, was er wo angeben kann. Nicht alle Punkte sind geeignet. Ordne Klaus' Eigenschaften und Fähigkeiten dem Praktikum A oder der Ausbildung zum Bankkaufmann B zu. Trage bei ungeeigneten Aspekten - ein.*

- ☐ spiele seit 3 Jahren Gitarre in der Schulband
- ☐ verwalte die Finanzen für die Schulband
- ☐ spiele seit 5 Jahren Fußball im Verein
- ☐ hab mich beim Fußballspielen zweimal schlimm am Knie verletzt
- ☐ Vater ist arbeitslos
- ☐ bin evangelisch
- ☐ gehe am Wochenende gern in die Disko
- ☐ begleite seit zwei Jahren für den Kreisjugendring Kinderfreizeiten
- ☐ mag besonders Mathematik und Musik, habe gute Noten in Deutsch
- ☐ verbringe viel Zeit vor dem Computer, weiß über Hard- und Software gut Bescheid

!

Ein Bewerbungsanschreiben formulieren
Die Personalabteilung eines großen Unternehmens durchlaufen täglich viele Bewerbungen. Um aufzufallen und erfolgreich zu sein, musst du ein inhaltlich, sprachlich und formal einwandfreies Anschreiben entwerfen.
Die **sprachliche Gestaltung** des Anschreibens muss sachlich angemessen und ansprechend sein. Vermeide umgangssprachliche oder nichts sagende Formulierungen wie „Hiermit bewerbe ich mich um ...".
Inhaltlich muss das Bewerbungsanschreiben folgende Punkte umfassen:
- dein **Anliegen**: Auf welche Stelle bewirbst du dich? Woher hast du die Information darüber?
- deine **persönliche Situation**: Wie alt bist du? Welche Schule und Klasse besuchst du? Welchen Schulabschluss strebst du an? Wann verlässt du die Schule?
- die **Begründung** für deine Bewerbung: Was weißt du woher über den angestrebten Beruf? Was motiviert, was qualifiziert dich für genau diesen Beruf? Warum bewirbst du dich bei diesem Unternehmen?
- die **Bitte um ein Vorstellungsgespräch**.

2 *Wähle einen der folgenden Satzanfänge aus und formuliere ihn zu einer kurzen Einleitungspassage für ein Bewerbungsschreiben auf das Inserat A (S. 36) aus. Schreibe in dein Heft.*

Sehr geehrte Frau Müller,
- ☐ A in Ihrer Anzeige in der Münchener Zeitung vom 09. 10. 2007 suchen Sie ...
- ☐ B da ich (15) schon lange den Wunsch hege, ...
- ☐ C ich bin 15 Jahre alt und habe in der Münchener Zeitung vom 09. 10. 2007 mit großem Interesse gelesen, ...
- ☐ D Sie beschreiben in Ihrer Anzeige in der Münchener Zeitung vom 09. 10. 2007 eine Praktikumsstelle, ...

3 *Sind die folgenden Schlussformulierungen ansprechend oder umständlich oder allzu umgangssprachlich? Trage dein Urteil in die rechte Spalte der Tabelle ein.*

A Wenn meine Bewerbung Ihr Interesse geweckt hat, freue ich mich über eine Einladung zu einem Vorstellungsgespräch.	
B Über ein Bewerbungsgespräch würde ich mich wirklich riesig freuen.	
C Ich freue mich schon darauf, in einem persönlichen Gespräch mehr über Ihre Einrichtung zu erfahren.	
D Ich würde mich freuen, wenn Sie mich zu einem Gespräch einladen und wir uns persönlich kennen lernen würden.	
E Ich würde mich freuen, wenn die Möglichkeit bestünde, in einem persönlichen Gespräch alles Weitere zu klären.	

4 *Klaus' erster Entwurf für das Anschreiben für die Praktikumsstelle als Erzieher ist misslungen. Benenne die inhaltlichen Fehler des Briefausschnittes.*

Zurzeit besuche ich das Luitpold-Gymnasium, das ich im Juli 2009 verlassen werde. Nachdem ich mehrere Broschüren des BIZ[1] gelesen und auch mit einem Berufsberater gesprochen habe, glaube ich, dass mir der Beruf als Erzieher liegen könnte. Bei unserer Jugendgruppe habe ich übrigens schon öfter mal Kinderfreizeiten organisiert.	*Klaus' Alter? Ort der Schule?*

[1] **BIZ:** Berufsinformationszentrum, Institution der Agentur für Arbeit, die informative Broschüren für fast alle Berufsbilder bereitstellt.

!

Die richtige Form für das Bewerbungsanschreiben
Das Bewerbungsanschreiben muss – wie alle Bestandteile des Bewerbungsportfolios – den formalen Anforderungen an einen Geschäftsbrief (DIN 5008) genügen. Folgender Aufbau ist dabei zwingend:

- im **Briefkopf**: Absender (mit Telefonnummer und ggf. E-Mail-Adresse), Datum, Empfänger (mit persönlichem Ansprechpartner, aber ohne die Formulierung „zu Händen" oder „z. Hd."), Betreffzeile (aber ohne die Formulierung „Betreff"), korrekte Anrede (Ansprechpartner ermitteln und nennen),
- im **Hauptteil**: übersichtlich gegliederter Haupttext mit passender Schlussformel,
- am **Schluss**: Unterschrift (am besten mit blauer Tinte) und Hinweis auf Anlagen.
- Anschreiben, Lebenslauf, Deckblatt und Dritte Seite werden **im Original**, alle Zeugnisse und Anlagen **als Kopie** verschickt.

5 a) *Informiere dich im Internet über die DIN 5008:2005 (letztgültige Fassung: Mai 2005). Sie schreibt die Gestaltungsregeln für offizielle Briefe vor.*
b) *Das folgende Bewerbungsanschreiben vom 10. 10. 2007 auf das Inserat A (S. 36) ist inhaltlich und sprachlich gelungen. Es enthält jedoch eine Reihe von formalen Fehlern. Markiere diese und halte am Rand fest, was falsch ist.*
c) *Schreibe am Computer eine verbesserte Version, die nach der DIN 5008 aufgebaut ist.*

Klaus Kramer
Goetheweg 3
80312 München (Tel. 089/12 04 43 21)

kein Abstand zum oberen Rand

Kindertagesstätte Trollhaus
Heineweg 5
80331 München
Betreff: Bewerbung um eine Praktikumsstelle

Sehr geehrte Frau Müller,

schon lange ist es mein Wunsch, Erzieher zu werden. Deshalb habe ich mit großem Interesse Ihre Anzeige in der Münchener Zeitung vom 09. 10. 07 gelesen und bewerbe mich um einen Praktikumsplatz. Zurzeit besuche ich (15) die neunte Klasse des Luitpold-Gymnasiums in München. Im Sommer 2009 möchte ich die Schule mit mittlerer Reife verlassen, da ich eher praktisch orientiert bin. Da ich für den örtlichen Kreisjugendring seit zwei Jahren Kinderfreizeiten betreue, weiß ich, dass ich gut mit kleineren Kindern umgehen kann und mir diese Arbeit viel Freude bereitet. In meiner Freizeit spiele ich gerne im Verein Fußball. Viel Zeit verbringe ich auch damit, Musik zu machen – unter anderem als Gitarrist in der Schulband.

Über eine Einladung zum Vorstellungsgespräch würde ich mich sehr freuen.

Mit freundlichen Grüßen
Klaus Kramer
Anlagen

TIPP

Zur äußeren Form gehört zudem eine **ansprechende optische Gestaltung**. Verwende:

- weißes oder leicht getöntes DIN-A4-Papier ohne Flecken oder Eselsohren,
- 10- oder 11-Punkt Schriftgröße und einheitliches Layout (Schriftart, Seitenränder, Zierlinien ...),
- eine sachlich wirkende Schriftart wie Times New Roman,
- eine ansprechend gestaltete Mappe für deine Unterlagen (keinen Schnellhefter). In Schreibwarenläden steht dir eine breite Auswahl zur Verfügung.

☆ **6** *Verfasse auf das Inserat B (S. 36) am Computer ein Bewerbungsschreiben. Achte auf die richtige inhaltliche, sprachliche und formale Gestaltung des Briefes.*

!

Einen Lebenslauf entwerfen

Der Lebenslauf enthält die wichtigsten Daten zu deiner Person:
- Vor- und Zuname, Anschrift, Telefon (und evtl. E-Mail-Adresse),
- Geburtsdatum und -ort,
- Religionszugehörigkeit (nur, wenn es für die angestrebte Tätigkeit von Bedeutung ist),
- Staatsangehörigkeit.

Zudem macht der Lebenslauf Angaben
- zur bisherigen **Schullaufbahn** (Schulart, Name der Schule mit jeweiligen Daten),
- zum angestrebten (oder gegebenenfalls schon erreichten) **Schulabschluss** (mit Datum),
- zu ersten **beruflichen Erfahrungen** (Praktika, Ferienjobs), Hobbys und außerschulischen Interessen, die für die angestrebte Tätigkeit wichtig sein könnten.

Abgeschlossen wird der Lebenslauf mit einer Orts- und Datumsangabe und deiner Unterschrift (blaue Tinte verwenden!).

Der Lebenslauf wird in der Regel in **tabellarischer Form am Computer** abgefasst. Handschriftliche Lebensläufe werden nur noch selten verlangt. Der Lebenslauf muss genau auf die jeweilige Bewerbung abgestimmt werden. Schließlich legen unterschiedliche Arbeitgeber auf unterschiedliche Motivationen und Qualifikationen Wert.

7 *Klaus hat für seine Bewerbung auf die Praktikumsstelle einen handschriftlichen Lebenslauf verfasst. Wandle ihn in einen tabellarischen Lebenslauf um, übertrage dazu die notwendigen Informationen in die Vorlage auf S. 40.*

Klaus Kramer
Goetheweg 3
80332 München
Tel.: 089/12 04 43 21

Lichtbild vom Fotografen

<u>Lebenslauf</u>

Am 12.04.1992 wurde ich als zweites Kind des Maurermeisters Bernd Kramer und seiner Ehefrau, der Reiseverkehrskauffrau Ulla Kramer, geb. Meyer, in München geboren. Meine ältere Schwester studiert derzeit Gartenbau an der Fachhochschule Weihenstephan.

Von 1998 bis 2002 besuchte ich die St.-Martins-Grundschule München. 2002 wechselte ich auf das Luitpold-Gymnasium in München, wo ich derzeit die neunte Klasse besuche. Meine Stärken liegen vor allem in den Fächern Deutsch, Mathematik und Musik. Viel Freude bereitet mir mein Engagement als Gitarrist in der Schulband. Im Sommer 2009 werde ich nach Erwerb der mittleren Reife die Schule verlassen, um mir meinen Berufswunsch Kindergärtner zu erfüllen.

In meiner Freizeit beschäftige ich mich oft und gerne mit Kindern. Deshalb arbeite ich seit 2005 im Kreisjugendring bei der Organisation und Durchführung von Kinderfreizeiten aktiv mit.

München, 10.10.2007

Klaus Kramer

Klaus Kramer
Goetheweg 3
80332 München
Tel.: (0 89) 12 04 43 21

Lichtbild vom Fotografen

Lebenslauf

Persönliche Daten

Geboren am:	12.04.1992 in München
Geburtsort:	______________
Staatsangehörigkeit:	______________
Eltern:	______________
Geschwister:	______________

Schulbildung

Grundschule:	1998–2002 St.-Martins-Grundschule München
Gymnasium:	______________
Lieblingsfächer:	______________
Voraussichtlicher Schulabschluss:	______________
Berufswunsch:	______________

Meine besonderen Interessen	______________
Hobbys:	______________
Ehrenamtliche Tätigkeit:	______________
	______________

München, 10.10.2007 *Klaus Kramer*

☆ 8 *Formuliere am Computer einen tabellarischen Lebenslauf für eine Bewerbung Klaus Kramers zum Bankkaufmann.*

Das richtige Bewerbungsfoto

Das Foto wird auf den Lebenslauf geklebt. Beachte:

- Die Aufnahme muss technisch einwandfrei sein (keine Urlaubsschnappschüsse).
- Das Bild sollte dich als offenen, sympathischen und interessierten Menschen zeigen.
- Passend ist ein Format von etwa 4,5 auf 6 cm (also etwas größer als das normale Passbildformat). Erfahrungsgemäß erzeugen Schwarz-Weiß-Bilder eine bessere Wirkung als Farbaufnahmen.
- Von eingescannten oder selbst gemachten Aufnahmen ist abzuraten.

9 *Entscheide, welches der vier Fotos für die Bewerbung auf den Praktikumsplatz in der Kindertagesstätte geeignet ist. Notiere in deinem Heft die Gründe für deine Wahl.*

Version A

Version B

Version C

Version D

Deckblatt und „Dritte Seite"

Damit deine Bewerbungsmappe zu einer außergewöhnlichen Präsentation wird, kannst du die Unterlagen noch durch ein Deckblatt und eine „Dritte Seite" ergänzen. Das Deckblatt kann das Foto enthalten und wie ein Titelblatt den Unterlagen vorgeschaltet sein.

Auf der „Dritten Seite" stellst du in knapper und persönlicher Form z. B. dar, warum du der am besten geeignete Bewerber bist oder welche besondere Motivation hinter deiner Bewerbung steckt.

10 *Betrachte die beiden Musterseiten (Deckblatt, Dritte Seite) und entwirf weitere Vorschläge. Für die Dritte Seite kannst du z. B. folgende Überschriften verwenden:*

- „Was Sie noch über mich wissen sollten ...", - „Was mir wichtig ist ..." oder - „Mein Ziel ...".

Bewerbungsunterlagen
für
Frau Martina Müller
von
Klaus Kramer

Foto

... Ihrem neuen Praktikanten
für die Sommerferien?

Was mich bewegt ...

sind die häufig zu hörenden Nachrichten darüber, wie wenig kinderfreundlich unsere Gesellschaft mittlerweile ist.

Dabei bereitet nichts mehr Freude, als sich mit Kindern zu beschäftigen!

Deshalb engagiere ich mich für die Kinder in unserem Stadtviertel und

deshalb ist es mein Wunsch, bei Ihnen ein Praktikum zu absolvieren, und

... darauf freue ich mich!

Ihr *Klaus Kramer*

Bewerben per E-Mail

Viele Firmen akzeptieren mittlerweile auch Bewerbungen über das Internet, manche verlangen sogar ausdrücklich diesen Weg. Die herkömmliche briefliche Bewerbung ist aber der Online-Bewerbung vorzuziehen, nur sie ermöglicht es dir, mit einer perfekt gestalteten Bewerbungsmappe zu glänzen.
Grundsätzlich gibt es bei der Online-Bewerbung mehrere Möglichkeiten:

- **Online-Formular**: Hier wird der Bewerber aufgefordert, eine Reihe von Angaben in fest vorgegebenen Eingabefeldern zu machen.
- **Kurzbewerbung**: Im Textfeld der E-Mail erscheint nur das Anschreiben und ein kurzer Lebenslauf. Weitere Unterlagen (Zeugnis ...) müssen nach Aufforderung nachgereicht werden.
- **Bewerbung mit Anschreiben, Lebenslauf und Anlagen**: Die E-Mail stellt das Bewerbungsanschreiben dar, Lebenslauf und weitere Anlagen werden als (ggf. eingescannte) Anhänge hinzugefügt.

Klaus Kramer hat erfahren, dass die Firma High-Tech einen Praktikanten sucht. Wie im Inserat verlangt, schickt er eine Kurzbewerbung an den Personalchef der Firma, Herrn Seidel.

Bewerbung um Praktikumsplatz als Informatikkaufmann; Ihre Anzeige in der MZ vom 20.10.2007

Datei Bearbeiten Ansicht Einfügen Format Extras Nachricht ?

An: seidel.hightech@internet.de
Cc:
Betreff: Bewerbung um Praktikumsplatz als Informatikkaufmann; Ihre Anzeige in der MZ vom 20.10.2007

Sehr geehrter Herr Seidel,

für die Musikband, in der ich spiele, habe ich eine eigene Homepage entworfen und bin außerdem für das Sampeln der Aufnahmen am PC zuständig. Ich liebe es, an meinem Computer zu sitzen und an Hard- und Software zu tüfteln. HTML und JavaScript sind mir ebenso vertraut wie die gängigen Textverarbeitungs- und Grafikprogramme. Schon lange ist es deshalb mein Wunsch, mich auch beruflich mit dem Computer zu beschäftigen.

Aus diesem Grund bewerbe ich mich um einen Praktikumsplatz in Ihrem Unternehmen.

Im Sommer 2009 verlasse ich nach Erlangen der mittleren Reife das Luitpold-Gymnasium München. Meine Stärken liegen in den Bereichen Mathematik, Musik und Deutsch. Hier lässt sich meiner Meinung nach in besonderer Weise logisches Denken mit kreativen Ideen verbinden.

Über eine Einladung zu einem persönlichen Gespräch würde ich mich freuen und bedanke mich für Ihr Interesse.

Mit freundlichen Grüßen
Klaus Kramer

Persönliches – kurz gefasst:

Klaus Kramer
geboren am 12.04.1992 in München

Anschrift:
Goetheweg 3, 80332 München
Tel.: (0 89) 12 04 43 21, E-Mail: k.kramer@internet.de

Schulbildung:

1998-2002	Grundschule St. Martin, München
seit 2002	Luitpold-Gymnasium München
Schulabschluss	mittlere Reife (Sommer 2009)

Meine Interessen:

Lieblingsfächer	Mathematik, Musik, Deutsch
Hobbys	Arbeiten am Computer, Homepagedesign, Musik

11 *Arbeite die Unterschiede in Inhalt und Form (Aufbau, Layout) heraus, die zwischen einer Online-Kurzbewerbung und einer herkömmlichen Bewerbung mit Anschreiben und Lebenslauf bestehen.*

TIPP

Bei Online-Bewerbungen mit der E-Mail als Anschreiben und allen übrigen Schriftstücken als Dateianlagen (Attachments) musst du verschiedene Dinge beachten. Allgemein gilt:

- Jede Bewerbung muss **individuell gestaltet** werden. Serienbewerbungen haben keine Chance!
- Deckblatt und Dritte Seite ergeben hier nur wenig Sinn.
- Achte auf **korrekte Rechtschreibung und Ausdrucksweise**. Verwende keine Emoticons (Smileys ...).
- Schreibe die E-Mail immer an einen **namentlich bekannten Ansprechpartner** (notfalls per Telefon erfragen). E-Mails an *info@...* oder *mail@...* erreichen meist nicht den richtigen Adressaten.
- Vermeide Spaßnamen als eigene E-Mailadresse (wie z. B. *coolman@internet.de*).

Layout:

- Verfasse die E-Mail in einer **gut lesbaren Schrift** (z. B. Arial). Wähle als Schriftfarbe Schwarz, nur herausgehobene Begriffe wie Überschriften können ggf. in einer anderen, kräftigen Farbe gehalten sein.
- Insgesamt sind die **Gestaltungsmöglichkeiten sehr eingeschränkt**. Zierlinien, Hintergründe etc. lassen sich vom Empfänger häufig nicht öffnen oder führen zu unsinnigen Zeichenfolgen.

Anlagen:

- Achte auf **möglichst geringe Datenmengen**. Begrenze deshalb die Zahl der angefügten und vor allem eingescannten Dateianlagen. **Vermeide große Bilddateien** (zu hohe Auflösung; *.bmp*-Dateifomat).
- Speichere die Anlagen in einem **weit verbreiteten Dateiformat** (**.rtf* oder **.pdf*), damit der Empfänger die Anlagen überhaupt öffnen kann und die Formatierungen nicht verloren gehen.
- Überprüfe die Anlagen auf **Viren**. Eine mit Viren infizierte Mail wird vom Empfänger nicht repariert, sondern ungelesen gelöscht werden.

12 *a) Erkundige dich über die in den drei folgenden Inseraten angebotenen Berufe.*
b) Verfasse zu einem der drei Inserate aus der Münchener Zeitung vom 22. 10. 2007 eine vollständige Online-Bewerbung. Drucke die von dir erstellten Unterlagen aus und vergleiche sie mit den Ergebnissen deiner Mitschüler.

CENUM, der Spezialist für hochwertige Personaldienstleistungen, sucht eine(n) Auszubildende(n) für den Ausbildungsberuf

Kaufmann/Kauffrau der Bürokommunikation

Sie sollten neben einem guten Schulabschluss (Abitur oder mittlere Reife) Spaß am Umgang mit Menschen haben. Wenn Sie zudem engagiert, flexibel und begeisterungsfähig sind, dann senden Sie Ihre Unterlagen an:

Simon Glauges, CENUM-Personalabteilung; Glauges.Cenum@internet.de

Juwelier bietet
Ausbildungsplatz
zum Goldschmied/zur Goldschmiedin
Voraussetzung: Mittlere Reife,
handwerkliches Geschick,
Freude an kreativem Gestalten

Schicken Sie Ihre Online-Bewerbung an:
Johann Geiger; goldundsilber@internet.de

Werbeagentur sucht
Praktikant/-in (Werbekauffrau/-mann)
Kenntnisse in Textverarbeitung und Tabellenkalkulation

Aussagekräftige Bewerbung an Frau Dr. Monika Kern
topadvertising@internet.de

TIPP

Folgende Internetadressen helfen dir bei der Suche nach dem geeigneten Praktikums- oder Ausbildungsplatz:

- www.arbeitsagentur.de
- www.monster.de
- www. jobpilot.de
- www. jobscout.de
- www.stepstone.de
- www.romling.com
- www.ausbildungsoffensive-bayern.de

Satzgefüge

!

Zusammengesetzte Sätze können aus mehreren Hauptsätzen (Satzreihe) oder einem Hauptsatz und einem oder mehreren Nebensätzen (Satzgefüge) bestehen.

Nebensätze nehmen oft die Stelle eines Satzglieds ein, man nennt sie dann **Gliedsätze**:

- **Adverbialsätze** nehmen die Stelle einer adverbialen Bestimmung ein und lassen sich wie diese ihrer Zusatzinformation nach bestimmen (z. B. temporal, kausal usw.), z. B.: „Humboldt reiste, *weil* er vom Entdecken besessen war."
- **Subjekt**- oder **Objektsatz** übernehmen die Rolle des Subjekts oder des Objekts für den Hauptsatz. Sie geben den Inhalt von Verben des Sprechens und der Wahrnehmung wieder, z. B.: „Südamerika zu bereisen, machte ihm Freude." (Subjektsatz: Wer oder was machte Freude?); „Er erkannte, dass vieles völlig unbekannt war." (Objektsatz: Wen oder was erkannte er?).

Ein **Relativsatz** ist ein satzförmig ausgestaltetes Attribut zu einem Bezugswort (Nomen oder Personalpronomen), angeschlossen durch ein Relativpronomen, z. B.: „Humboldt, *der* keine Freunde hatte, schätzte Bonplands Begleitung."

Nebensätze und Gliedsätze werden vom Hauptsatz mit **Komma** abgetrennt.

Die folgenden Textauszüge sind dem Roman „Die Vermessung der Welt" von Daniel Kehlmann entnommen (s. S. 54).

1 *Bestimme die unterstrichenen Gliedsätze.*

Daniel Kehlmann
Der Fluss (1)

Als sie zum ersten Mal wieder Bäume, Sümpfe und Gras sahen (______), wussten sie nicht mehr, wie lange ihr Aufenthalt her war (______). Es fiel Humboldt schwer, seine zwei Chronometer abzulesen (______), er war nicht mehr an die Zeit gewöhnt. Hütten tauchten auf, Menschen kamen ihnen entgegen, und erst als sie mehrfach nach dem Datum gefragt hatten (______), konnten sie glauben, dass sie nur zwei Wochen unterwegs gewesen waren (______).

2 *Markiere im folgenden Text alle Relativsätze. Umkreise jeweils das einleitende Relativpronomen und das Bezugswort im Hauptsatz, auf den sich der Relativsatz bezieht.*

Der Fluss (2)

In Calabozo trafen sie einen alten Mann, der noch nie das Dorf verlassen hatte. Trotzdem besaß er ein Laboratorium: Gläser und Flaschen, metallene Messgeräte für Erdbeben, Feuchtigkeit in der Luft und Magnetismus. Auch eine primitive Maschine, deren Zeiger ausschlug, wenn man in ihrer Nähe log oder dummes Zeug redete. Und einen Apparat, welcher klickend und summend, zwischen Dutzenden gegeneinanderrotierender Rädchen, helle Funken erzeugte.

TIPP

Sätze verknüpfen
Konjunktionen stellen logische Zusammenhänge her.
Nebenordnende Konjunktionen, z. B. „und", „aber", „oder", „denn", verbinden gleichrangige Sätze: „Humboldt war bald berühmt, denn er berichtete viel Neues."
Unterordnende Konjunktionen, z. B. „weil", „obwohl", „als", „nachdem", „dass", leiten Nebensätze ein: „Bonpland geriet in Vergessenheit, weil er in Südamerika blieb."
Achte auf passende Konjunktionen, damit der Leser deinem Gedankengang folgen kann.

3 *a) Forme die folgenden Hauptsätze so um, dass Satzgefüge entstehen, und verknüpfe die einzelnen Sätze miteinander.*
b) Bestimme anschließend die neu entstandenen Nebensätze.

1. Diese rätselhafte Kraft habe er entdeckt, rief der Alte. Das mache ihn zum großen Forscher.

Dass er die rätselhafte Kraft entdeckt habe, mache ihn zum großen Forscher, rief der Alte

Nebensatzart: Subjektsatz

2. Zweifellos, antwortete Humboldt, aber – Bonpland stieß ihn in die Seite.

Als Humboldt antwortete: „zweifellos [war] aber" stieß Bonpland ihn in die Seite

Nebensatzart: Adverbialsatz temporal

3. Der Alte drehte die Kurbel fester, die Funken knisterten immer lauter, die Spannung war so stark, dass sich ihre Haare aufstellten.

Nachdem der Alte die Kurbel fester gedreht hatte und die Funken immer lauter knisterten, war die Spannung so stark, dass sich ...

Nebensatzart: Adverbialsatz konsekutiv

4. Beeindruckend, sagte Humboldt, aber das Phänomen nenne sich Galvanismus und sei der ganzen Welt bekannt.

Obwohl es sehr beeindruckend sei, sei das Phänomen als Galvanismus der ganzen Welt bekannt

Nebensatzart: Adverbialsatz konzessiv

Satzbau und Wortstellung

!

Satzglieder kann man innerhalb eines Satzes umstellen, um bestimmte Inhalte zu betonen oder von Einzelheiten abzulenken. Die **Umstellprobe** hilft dir dabei, z. B.:
„Des Nachts beschlichen Humboldt manchmal Zweifel."
„Zweifel beschlichen Humboldt manchmal des Nachts."

Man kann Sätze auch bewusst unvollständig formulieren (**Ellipse**), z. B.: „Des Nachts manchmal Zweifel." Der Leser ergänzt die ausgesparten Satzglieder nach eigener Vorstellung.

Satzbau und Wortstellung haben Einfluss auf die **Wirkung** und **Aussagekraft** eines Textes, sie machen den **Stil** und die Stilebene mit aus.

1 a) *Verändere den Satzbau und die Wortstellung nach den jeweiligen Arbeitsaufträgen von* **A** *bis* **H**.
b) *Vergleiche deine Sätze mit dem ursprünglichen Text und notiere in Stichworten hinter dem jeweiligen Satz, wie sich die Wirkung des Textes durch den veränderten Satzbau und die andere Wortstellung verändert hat.*

A *Stelle die Satzteile und die Satzglieder mit der Umstellprobe so um, dass ein Aspekt, den du spannend findest, am Anfang des Satzes steht.*

Damals, sagte Pater Zea, habe die Akademie ihre drei besten Vermesser geschickt, um die Meridianlänge des Äquators festzustellen.

B *Unterstreiche den Einschub (= Parenthese) im Satz und löse ihn auf.*

Man habe, aus ästhetischen Gründen vor allem, Newtons unschöne These widerlegen wollen, dass die Erde sich durch Rotation abplatte.

C *Verbinde die einzelnen Sätze durch Konjunktionen zu einem Satzgefüge aus Haupt- und Nebensätzen. Achte darauf, dass dein Satzgefüge flüssig lesbar ist.*

Pater Zea sah ein paar Sekunden konzentriert auf den Tisch. Ein riesiges Insekt landete auf seiner Stirn. Instinktiv streckte Bonpland die Hand aus, stockte und zog sie wieder zurück.

D *Ergänze die Ellipsen zu vollständigen Sätzen, indem du die entfallenen Satzglieder des Satzes ergänzt.*

Den Äquator messen, fuhr Pater Zea fort. Also eine Linie ziehen, wo nie eine gewesen sei. Ob sie sich dort draußen umgesehen hätten?

E *Verknüpfe die beiden unterstrichenen Sätze, indem du ein Satzgefüge mit Adverbialsatz bildest.*

Linien gebe es woanders. Mit seinem knochigen Arm zeigte er auf das Fenster, das Gestrüpp, die von Insekten umschwärmten Pflanzen. Nicht hier! [...] Die drei Männer hätten unvorstellbar genau gearbeitet. Trotzdem hätten ihre Daten nie übereingestimmt.

☆ **F** *Verknüpfe die einzelnen Hauptsätze logisch miteinander, löse die Relativsätze auf und ergänze die Ellipse zu einem vollständigen Satz.*

La Condamine habe es am längsten ausgehalten. Acht Jahre im Wald, beschützt nur von einer Hand voll fieberkranker Soldaten. Er habe Schneisen geschlagen, die zugewachsen seien, sobald er sich abgewandt habe, Bäume gefällt, welche schon in der nächsten Nacht wieder in die Luft geragt hätten; und dennoch, halsstarrig, habe er nach und nach ein Zahlennetz über die widerstrebende Natur gezwungen.

☆ **G** *Verknüpfe die Sätze durch Konjunktionen logisch miteinander.*

Dann habe er einen Brief der Akademie erhalten. Die Schlacht sei verloren, der Beweis in Newtons Sinn geführt, die Erde abgeplattet, die ganze Arbeit umsonst.

H *Löse die Ellipsen auf. Wende gegebenenfalls die Umstellprobe an.*

So sei, sagte Pater Zea, der geschlagene Mann eben heimgefahren. Vier Monate lang, einen noch immer namenlosen Fluss entlang, den er erst später Amazonas getauft habe.

Sprach- und Stilebenen erkennen

In einer Sprachgemeinschaft werden verschiedene **Sprachebenen** verwendet:

- **Die Standard- oder Hochsprache** ist die allgemein verbindliche Form einer Sprache, in der Regel auch die Schriftsprache.
- Der alltägliche mündliche Sprachgebrauch (**Umgangssprache**) orientiert sich an der Hochsprache, wendet deren Regeln und Normen aber nicht streng an. Typisch für die Umgangssprache sind kurze und einfache, aber auch unvollständige Sätze.
- Eine weitere Sprachebene ist die **Jugendsprache**.
- Beschimpfungen und eine sehr gewöhnliche Ausdrucksweise zählen zur **Vulgärsprache**.

Die **Stilanalyse** eines Textes schließt über eine allgemeine sprachliche Untersuchung hinaus auch die Betrachtung besonderer **Stilfiguren** (z. B. Metaphern, Wiederholungen, Umstellung von Satzgliedern) und der **Sprachebenen** (z. B. hoch- oder umgangssprachlich, jugendsprachlich etc.) ein.

Reiner Kunze

Nachhall (1976)

Hier wird nicht gespielt! Eure Zeit ist vorbei, geht nach Hause! (Polizeistreife zu Jugendlichen, die am 8. August 1973, drei Tage nach Abschluss der Weltfestspiele, auf dem Alexanderplatz Gitarre spielten.) Als Michael aus den Bierstuben kam, wirkte der Platz wie leergekippt. Unterhalb des Warenhauses sprang ein Motor an: Der Jugend-Müll wurde eben abgefahren. Und eine Scherbe schändete den Platz: er. Zwischen Posten, die dastanden wie schnell gewachsene Gehölze. Polizeigrün. Immergrün. Seine Gitarre lag nicht mehr auf dem Brunnenrand. Sie hatten seine Gitarre. Sie hatten eine Geisel. Der Polizist sagte: „Ihre Gitarre suchen Sie? Kommen Sie mit." Während Michael im Gang des Polizeigebäudes neben den anderen stand, das Gesicht zur Wand und die Arme erhoben, wurde der Tag ausgeschrien. „Schuhe ausziehn! Wenn du nicht sofort die Schuhe ausziehst, kriegst du eins in die Schnauze, und wo die Pfote hinhaut, dort wächst kein Gras mehr!" Sie hatten auf der Brunneneinfassung gesessen: Lehrlinge, Schüler, Rentner. Viele Passanten waren stehen geblieben und hatten ihnen Beifall gespendet, vor allem den beiden Ungarn. Der eine hatte fast Funken aus den Saiten geschlagen. Auf dem Ordnungsstrafbescheid über 10 Mark, mit dessen Entgegennahme Michael um drei Uhr morgens sein Instrument auslöste, stand: Störung des sozialistischen Zusammenlebens (Spielen mit Gitarre).

1 *Verfasse an Reiner Kunze eine E-Mail zu dieser Geschichte, in der du den Vorfall aus heutiger Sicht bewertest: Wie würdest du reagieren? Welche Reaktionen würdest du erwarten? Schreibe in dein Heft.*

2 *In den Zeilen 4–5 findet sich der Satz: „Als Michael aus den Bierstuben kam, wirkte der Platz wie leergekippt." Schreibe den Satz in die Hochsprache um. Um die Bedeutung und Wirkung des Wortes „leergekippt" in der Hochsprache vollständig wiedergeben zu können, musst du vermutlich eine längere Erklärung formulieren.*

3 a) *Analysiere die im Text auf S. 48 unterstrichenen Sätze: Bestimme die Satzglieder und unterstreiche sie in verschiedenen Farben: Subjekt **grün**, Prädikat **blau** etc.*

b) *Ergänze die folgenden unvollständigen Sätze (Ellipsen) zu einem zusammenhängenden Satz.*

Und eine Scherbe schändete den Platz: er. Zwischen Posten, die dastanden wie schnell gewachsene Gehölze. Polizeigrün. Immergrün.

☆ c) *Verknüpfe die einzelnen Sätze aus Aufgabe 3 b logisch miteinander, indem du Konjunktionen oder Erklärungen einfügst. Schreibe diese ergänzte Fassung auf.*

d) *Vergleiche deine Lösung aus Aufgabe 3 c mit dem ursprünglichen Text auf S. 48 und erkläre die besondere Wirkung, die der Autor durch den unvollständigen und unzusammenhängenden Satzbau erreicht.*

e) *Erkläre, welche besondere Leistung der Leser oder die Leserin bei diesen unvollständigen Sätzen (Ellipsen) auf S. 48 (▷ Z. 7–9) selbstständig erbringen muss, um den Text zu verstehen.*

4 a) *Schreibe den Befehl des Polizisten (Zeile 15–17) in die Hochsprache um.*

b) *Unterstreiche im Originaltext (Zeile 15–17) alle Wörter oder Satzteile, die du verändert hast.*
c) *Vergleiche deine Version aus Aufgabe 4 a mit dem Originaltext und beschreibe die unterschiedliche Wirkung der beiden Versionen.*

5 a) *Markiere im Text alle umgangssprachlichen Passagen.*
b) *Vergleiche die Sprachebenen Umgangs- und Hochsprache mit Blick auf die in der folgenden Tabelle genannten Aspekte. Übertrage dazu die folgende Tabelle in dein Heft und arbeite sie aus.*

	Hochsprache	**Umgangssprache**
Satzbau	…	…
Wortwahl	…	…
Stilfiguren	…	…

c) *Welche Sprachebene ein Autor wählt, hängt auch davon ab, was er zum Ausdruck bringen möchte. Beschreibe die Wirkung der Sprachebenen im Textauszug von Reiner Kunze. Sammle Stichworte und arbeite deine Antwort im Heft aus.*

Umgangssprache

Amtssprache

Hochsprache

☆ **6** a) *Überlege, welche Gedanken sich hinter dem folgenden Satz verbergen: „Und eine Scherbe schändete den Platz: er." (Zeile 7)*
b) *Stell dir vor, dieser Satz beschriebe ein Erlebnis aus deinem persönlichen Schulalltag. Verfasse dazu einen Tagebucheintrag und schreibe in der Sprache, die du im Kreise deiner Freunde sprichst (Jugendsprache). Halte deine Gedanken so fest, wie sie dir gerade in den Sinn kommen. Schreibe in dein Heft.*
c) *Nimm eine Stilanalyse deines Tagebucheintrags vor: Markiere alle sprachlichen Besonderheiten. Wo hast du Jugendsprache, wo Umgangs- oder Hochsprache verwendet? Warum hast du zwischen den Sprachebenen gewechselt? Halte deine Ergebnisse schriftlich in deinem Heft fest.*

Sprachliche Diskriminierung erkennen

!

Sprachliche Diskriminierung basiert meist auf Klischees.

Klischees als Vorstellungen und Verhaltensmuster
Klischees (von franz. *cliché* = Abklatsch, Nachahmung) existieren in unseren Vorstellungen als verallgemeindernde, vereinfachende, vorgefertigte Denkschemata, die wir beispielsweise dem anderen Geschlecht, anderen Menschen, Ethnien oder Bevölkerungsgruppen entgegenbringen. Das Vorurteil hat viele Merkmale gemeinsam mit dem Klischee. Beispiele für Klischees: „Frauen können nicht Auto fahren“; „Männer sind dominant“; „Alle Türken essen Döner“.

Klischees werden oft indirekt übermittelt. Bei der Bedeutung eines Wortes ist zwischen seiner **Denotation** (sachliche, allgemeine Bedeutung) und seiner **Konnotation** zu unterscheiden. Zur Konnotation gehören all die Vorstellungen, die Menschen mit einem Wort spontan oder auf Grund der gesellschaftlichen Situation und Tradition verbinden. Abwertende Konnotationen wirken diskriminierend.

1 *Lies den folgenden Text.*

France de Lagarde
Die Bewerbung

„Ich komme auf Ihre Anzeige, Madame.“
„Fein“, sagte die Personalchefin, „nehmen Sie Platz. Wie heißen Sie?“ „Batier, Bernhard Batier.“ „Herr oder Herrlein?“ „Herr.“ „Und Ihr Geburtsname?“ „Duplat.“ „Herr Batier, ich muss Ihnen leider sagen, dass wir zurzeit wenig an verheirateten Männern interessiert sind. In Frau Palonceaus Abteilung, wo der Posten frei ist, sind bereits mehrere Angestellte auf Vaterschaftsurlaub. Natürlich, junge Ehepaare möchten gerne Kinder haben, aber die Anwesenheit junger Väter ist eben doch ein Problem für den Geschäftsablauf.“ „Ja, das verstehe ich, wir haben schon zwei Kinder und wollen keine mehr. Im Vertrauen gesagt –“ (Herr Batier errötete und senkte die Stimme), „ich nehme die Pille.“ „Gut, dann also weiter. Was haben Sie für eine Schulbildung?“ „Ich habe die mittlere Reife und einen Handelsschulabschluss mit Stenografie und Maschinenschreiben. Ich hätte gern das Abitur gemacht, aber wir waren vier Kinder daheim und meine Eltern wollten, dass die Mädchen studieren, was ja auch ganz natürlich ist.“ „Wo waren Sie zuletzt beschäftigt?“ „Ich habe nur gelegentlich gearbeitet, um mehr Zeit für die Kinder zu haben.“ „Was macht Ihre Frau beruflich?“ „Sie ist Werkmeisterin in einer Metallbaufirma. Aber sie bereitet sich auf die Ingenieurprüfung vor, damit sie später die Nachfolge ihrer Mutter antreten kann, die das Unternehmen gegründet hat.“ „Nun kehren wir wieder zu Ihnen zurück. Wie sind Ihre Gehaltsvorstellungen?“ „Ja, wissen Sie ...“ „Wenn ich Sie recht verstehe, hat Ihre Frau eine gute Position und Sie arbeiten eigentlich nur nebenbei, für die Extras sozusagen, nicht wahr? Taschengeld für Kleidung und Ähnliches, was eben junge Männer so haben möchten. 750 Euro können wir Ihnen als Anfangsgehalt bieten, dazu ein 13. Monatsgehalt, Kantinenessen zu 3 Euro und eine Prämie für regelmäßiges Erscheinen. Unsere Frau Direktor hat diesen Bonus eingeführt. Sie findet, das hebt die Arbeitsmoral der Belegschaft und hält die Leute davon ab, dass sie wegen jeder Kleinigkeit fehlen. So konnten wir bei unseren Herren die Abwesenheitsquote um die Hälfte senken. Aber freilich gibt es immer einige, die zu Hause bleiben, weil das Baby angeblich Husten hat. Wie alt sind denn Ihre Kinder?“ „Sechs und vier Jahre. Beide gehen zur Schule[1]. Ich hole sie jeden Tag nach Dienstschluss ab, bevor ich die Einkäufe erledige.“ „Und wenn Sie mal krank sind?“ „Dann kümmert sich ihr Großvater um sie. Er wohnt bei uns in der Nähe.“ „Ausgezeichnet, haben Sie vielen Dank, Herr Batier. Sie werden in den nächsten Tagen von uns hören ...“

[1] **Schule:** in Frankreich beginnt die Schulpflicht früher als in Deutschland

2 *a) Fasse den Inhalt des Textes in ein bis zwei Sätzen zusammen.*

b) Der Text wirkt erheiternd. Erkläre, wie diese Wirkung entsteht.

3 *a) Der Text wendet viele Klischees auf einen Mann an, mit denen eigentlich Frauen konfrontiert werden. Markiere sie farbig.*
b) Trage die markierten Textstellen als Zitat in die folgende Tabelle ein, ergänze das zu Grunde liegende Klischee und jeweils die Bedeutung/Konnotation, die landläufig damit verbunden wird. Setze die Tabelle im Heft fort.

Zitat	Klischee in Bezug auf Frauen	Konnotation
Z. 27–30: Wenn ich Sie recht verstehe, hat Ihre Frau eigentlich eine gute Position und Sie arbeiten eigentlich nur nebenbei, für die Extras sozusagen, nicht wahr?	Hausfrau	Frauen arbeiten nicht ernsthaft, sind dankbar für Zuverdienst

4 *Formuliere dieses Vorstellungsgespräch so um, dass es keinerlei Diskriminierung mehr enthält. Schreibe es in dein Heft.*

☆ **5** *a) Ergänze zu den folgenden Klischees die gängigen Konnotationen.*
b) Überprüfe die diskriminierende Wirkung. Was schließen diese Bezeichnungen aus? Notiere Stichworte.
c) Formuliere Vorschläge für bessere Begriffe, die nicht diskriminieren:

Beispiel:
Statt „Behindertenparkplatz“ – „Nahparkplatz“ (für Menschen, die kurze Wege brauchen, weil sie behindert sind – „Nahparkplatz“ klassifiziert den Parkplatz wertfrei, ohne Menschen auszugrenzen).

d) Suche weitere Beispiele.

Klischee	Konnotationen	Diskriminierung (dahinterstehender Vorwurf)	besserer Begriff
Mutter-und-Kind-Abteil	Väter reisen	nur Mütter für	
	nicht mit Kindern	Kinder	
		verantwortlich	
Karrierefrau			
Streber			

Die Redewiedergabe

!

Der Konjunktiv in der indirekten Rede
Wenn man wiedergeben möchte, was jemand gesagt hat, verwendet man die indirekte Rede. Das Verb steht im **Konjunktiv I**.

Beispiel: Gauß sagte: „Ich habe keine Lust zu fahren." (wörtliche Rede im Indikativ)
Gauß sagte, er *habe* keine Lust zu fahren. (indirekte Rede im Konjunktiv I)
Verwendet wird die Redewiedergabe in literarischen Texten, aber auch z. B. in einem Protokoll oder Portfolio, wenn mündliche oder schriftliche Äußerungen anderer festgehalten werden sollen.

Ersatzformen
- Wenn der Konjunktiv I im Textzusammenhang nicht vom Indikativ Präsens zu unterscheiden ist, wählt man den **Konjunktiv II als Ersatzform**, z. B.: Seine Kinder sagten, sie *liefen* (statt *laufen*) später nach Hause.
- Ist der Konjunktiv II nicht vom Indikativ Präteritum zu unterscheiden, benutzt man die **Umschreibung mit „würde"**, z. B.: Seine Kinder sagten, sie *würden* später nach Hause *laufen*.

Die Textauszüge auf den folgenden Seiten entstammen dem 2005 erschienenen Roman „Die Vermessung der Welt" von Daniel Kehlmann. Er porträtiert zwei deutsche Geistesgrößen: Das Mathematikgenie Carl Friedrich Gauß (1777–1855) und den Universalgelehrten und großen Naturforscher Alexander von Humboldt (1769–1859). Im Zentrum steht ein Treffen der beiden im Jahr 1828 auf einem Naturforscherkongress in Berlin, für den Gauß nur sehr widerwillig sein Göttingen verlässt. Die zwei Großdenker haben sich beide auf ihre eigene Weise der Vermessung der Welt gewidmet.

1 a) *Unterstreiche im folgenden Text alle Sätze in indirekter Rede und markiere die Personalformen des Verbs im Konjunktiv.*
☆ b) *Forme diese Sätze in die direkte Rede um. Du kannst aus einem Satz auch mehrere Sätze machen. Schreibe in dein Heft.*

Daniel Kehlmann
Die Reise (1)

Monatelang hatte er sich geweigert, aber Alexander von Humboldt war hartnäckig geblieben, bis er in einem schwachen Moment und in der Hoffnung, der Tag käme nie, zugesagt hatte. Nun also versteckte sich Professor Gauß im Bett. Als Minna ihn aufforderte aufzustehen, die Kutsche warte und der Weg sei weit, klammerte er sich ans Kissen und versuchte, seine Frau zum Verschwinden zu bringen, indem er die Augen schloss. [...] Im Wohnzimmer wartete sein Sohn Eugen mit gepackter Reisetasche. Als Gauß ihn sah, bekam er einen Wutanfall. [...] Er beruhigte sich nicht einmal, als Eugen von der einen und Minna von der anderen Seite ihre Hände auf seine Schultern legten und beteuerten, man werde gut für ihn sorgen, er werde bald wieder daheim sein, es werde so schnell vorbeigehen wie ein böser Traum. Erst als seine uralte Mutter, aufgestört vom Lärm, aus ihrem Zimmer kam, ihn in die Wange kniff und fragte, wo denn ihr tapferer Junge sei, fasste er sich. [...]
Die Fahrt war qualvoll. Er nannte Eugen einen Versager, nahm ihm den Knotenstock ab und stieß mit aller Kraft nach seinem Fuß. Eine Weile sah er mit gerunzelten Brauen aus dem Fenster, dann fragte er, wann seine Tochter endlich heiraten werde. Warum wolle die denn keiner, wo sei das Problem? Eugen strich sich die langen Haare zurück, knetete mit beiden Händen seine rote Mütze und wollte nicht antworten. Raus mit der Sprache, sagte Gauß. Um ehrlich zu sein, sagte Eugen, die Schwester sei nicht eben hübsch. Gauß nickte, die Antwort kam ihm plausibel vor.

TIPP

Indikativ und Konjunktiv als Gestaltungsmittel

- **Indikativ**: Mit der wörtlichen Rede (direkte Rede) nimmt der Leser den Wortlaut des Gesagten als unmittelbar wahr. Er gewinnt den Eindruck einer **objektiven Darstellung**, die er selbst bewerten muss.
- **Konjunktiv**: Mit der indirekten Rede wird eine Äußerung von einem **subjektiven Standpunkt** aus wiedergegeben. Den Konjunktiv II kann man z. B. in der indirekten Rede verwenden, um sich vom Inhalt einer Aussage zu distanzieren, die man für unwahr oder zweifelhaft hält.

2 *Lies den Text auf S. 54 sowie deine in die direkte Rede umgeformten Sätze (Aufgabe 1) erneut. Erkläre kurz, warum Daniel Kehlmann die indirekte Rede eingesetzt hat.*

3 *a) Unterstreiche im folgenden Textausschnitt alle Personalformen des Verbs im Konjunktiv.*

Die Reise (2)

Er [Gauß] wies auf die Postpferde vor dem Fenster. Eigentlich sei es nicht ohne Witz, dass reiche Leute für eine Reise doppelt so lange brauchten wie arme. Wer Tiere der Post verwende, könne sie nach jeder Etappe austauschen. Wer seine eigenen habe, müsse warten, bis sie sich erholt hätten. Na und, fragte Eugen. Natürlich, sagte Gauß, komme das einem, der nicht so ans Denken gewöhnt sei, selbstverständlich vor.

b) Markiere mit einem Farbstift alle Personalformen des Verbs im Konjunktiv II.
c) Begründe, warum diese nicht im Konjunktiv I stehen.

Formen der Redewiedergabe

Wenn man die Darstellung von Ereignissen aus der Sicht anderer wiedergibt oder deren Meinungen und Wertungen zitiert, will man das deutlich machen. Dabei gibt es verschiedene Möglichkeiten, die Aussagen eines anderen darzustellen (Beispiel: Gauß teilt Eugen mit: „Ich will nicht nach Berlin."):

- in der **indirekten Rede** mit einem **dass-Satz**, z. B.: Gauß teilt Eugen mit, *dass* er nicht nach Berlin wolle.
- durch einen **wie-Satz, z.B.**: Gauß lässt Eugen wissen, *wie* ungern er nach Berlin will.
- in einem **uneingeleiteten Nebensatz im Konjunktiv**, z. B.: Gauß bekräftigt, er wolle nicht nach Berlin fahren.
- durch eine **Infinitivkonstruktion**, z. B.: Gauß teilt Eugen mit, nicht nach Berlin *fahren zu wollen.*
- durch ein **Präpositionalgefüge**, z. B.: Gauß' *Mitteilung nach* will er gar nicht nach Berlin.
- durch ein **Zitat der fremden Äußerung**, das mit Anführungszeichen in den eigenen Satz eingebaut wird, z. B.: Eugen weiß von Gauß *„ich will nicht nach Berlin"*.
- durch eine **Paraphrase**, die die Aussage frei zusammenfasst (Redebericht), z. B.: Gauß unterrichtet Eugen über seinen Unwillen über die bevorstehende Berlinreise.

Der Sprecher kann bei diesen Formen der Redewiedergabe seine **persönliche Meinung einfließen lassen**, indem er die **Redeeinleitung** neutral (*sprechen von, zu Protokoll geben, sagen, berichten*) oder wertend (*hoffen, behaupten, leugnen, nach der irrigen Ansicht von, nach seiner Auffassung, vermuten*) gestaltet.

4 *Im folgenden Textauszug sind einige Sätze oder Satzteile unterstrichen. Bestimme dafür die Form der Redewiedergabe.*

Die Reise (3)

Er verlangte ein Buch. (______________________) Eugen gab ihm das, welches er gerade aufgeschlagen hatte: Friedrich Jahns *Deutsche Turnkunst.* Es war eines seiner Lieblingsbücher. Gauß versuchte zu lesen, sah jedoch schon Sekunden später auf und beklagte sich über die neumodische Lederfederung der Kutsche; (______________________) da werde einem ja noch übler, als man es gewohnt sei. Bald, erklärte er, würden Maschinen die Menschen mit der Geschwindigkeit eines abgeschossenen Projektils von Stadt zu Stadt tragen. (______________________) Dann komme man von Göttingen in einer halben Stunde nach Berlin. Eugen wiegte zweifelnd den Kopf. Seltsam sei es und ungerecht, sagte Gauß, so recht ein Beispiel für die erbärmliche Zufälligkeit der Existenz, dass man in einer bestimmten Zeit geboren und ihr verhaftet sei, ob man wolle oder nicht. (______________________) Es verschaffe einem einen unziemlichen Vorteil vor der Vergangenheit und mache einen zum Clown der Zukunft. Eugen nickte schläfrig.

5 *Nicht alle Formen der Redewiedergabe sind in diesem Ausschnitt verwendet worden. Formuliere zum Text passende Beispiele für die fehlenden Formen der Redewiedergabe, die im Text ergänzt werden könnten.*

____

____

____

____

____

____

____

____

6 *Ergänze im folgenden Textauszug die korrekte Form des Konjunktivs.*

Die Reise (4)

Sogar ein Verstand wie der seine, sagte Gauß, ____________ (haben) in frühen Menschheitsaltern oder an den Ufern des Orinoko nichts zu leisten vermocht, wohingegen jeder Dummkopf in zwei Jahrhunderten sich über ihn lustig machen und absurden Unsinn über seine Person erfinden ______________ (können). Er überlegte, nannte Eugen noch einmal einen Versager und widmete sich dem Buch. Während er las, starrte Eugen angestrengt aus dem Kutschenfenster, um sein vor Kränkung und Wut verzerrtes Gesicht zu verbergen. In der *Deutschen Turnkunst* ging es um Gymnastikgeräte. Ausführlich beschrieb der Autor Vorrichtungen, die er sich ausgedacht hatte, damit man auf ihnen herumklimmen ____________ (können). Eine nannte er Pferd, eine andere den Balken, wieder eine andere den Bock.

Der Kerl ____________________ (sein) von Sinnen, sagte Gauß, öffnete das Fenster und warf das Buch hinaus. Das __________________ (sein) seines gewesen, rief Eugen.

Genau so _____________ (sein) es ihm vorgekommen, sagte Gauß, schlief ein und wachte bis zum abendlichen Pferdewechsel nicht mehr auf.

Rechtschreibtraining: Getrennt- und Zusammenschreibung

!

Zwei aufeinanderfolgende Wörter können zu einem sprachlichen Ausdruck verbunden werden. Die entstandenen Wortgruppen werden entweder getrennt (z. B. „spazieren gehen") oder zusammengeschrieben (z. B. „teilnehmen"). In den meisten Fällen gilt die Getrenntschreibung.

Wortgruppen mit Verben

1. **Nomen + Verb**: meist gilt Getrenntschreibung, z. B. *Rad fahren, Zeitung lesen* (aber Nominalisierung zusammen: *das Radfahren, das Zeitunglesen*). Ist die Bedeutung des Nomens verblasst, wird zusammengeschrieben, z. B. *eislaufen, kopfstehen*; aber möglich: *Acht geben/achtgeben, Halt machen/haltmachen.*
2. **Verb (Infinitiv) + Verb**: Meist gilt Getrenntschreibung, z. B. *laufen lernen*; aber möglich: *kennenlernen/ kennen lernen.*
3. **Verbindungen mit „sein"** werden immer getrennt geschrieben, z. B. *da sein, vorbei sein.*
4. **Adjektiv + Verb**: Nur dann Zusammenschreibung, wenn eine neue Gesamtbedeutung entsteht, z. B. (*sich gegenseitig*) *nahekommen*, aber: (*einem Ziel*) *nahe kommen.* Bezeichnet das Adjektiv ein Ergebnis, ist Getrennt- und Zusammenschreibung möglich, z. B. *klein schneiden/kleinschneiden.*
5. **Adverb + Verb**: Zusammenschreibung, wenn das Adverb seine eigenständige Bedeutung verliert. Das entstandene Wort trägt nur einen Hauptakzent, z. B. ***rü**ckwärtsfahren*, dagegen: ***rü**ckwärts **ein**parken.*

Wenn du unsicher bist, schlage in einem aktuellen Wörterbuch nach.

1 *a) Zusammen oder getrennt? Setze in die Klammer hinter der zusammenzuschreibenden Wortgruppe ein Häkchen, wenn diese zusammengeschrieben werden muss.*
b) Gib die Nummer der entsprechenden Regel aus dem Merkkasten in der Klammer an.

Worauf ein Detektiv achten sollte, damit ihm später nichts leid?tun (✓ 1) muss

Ein Detektiv muss bei seinen Ermittlungen Informationen zusammen?tragen (____). Dabei muss er sicher?sein (____), alle Details genau betrachtet zu haben. Ein Anfänger muss Spuren lesen?lernen (____). Fundstücke dürfen keinesfalls abhanden?kommen (____). Er sollte sich darauf konzentrieren, diese Aufgabe gut?zu?machen (____). Ansonsten wird er in seinen Ermittlungen zurück?geworfen (__). Manches Mal muss er auch zum Risiko bereit?sein (____). Will er Zeugen befragen, muss er deren Misstrauen zunichte?machen (____). Er darf aber nie Gefahr/gefahr?laufen (____), Zeugen zu manipulieren. Auf jeden Fall sollte er sicher?gehen (____), dass alle Zeugen ihre Aussagen auch vor Gericht wieder?geben (____) werden. Begeht er hier einen Fehler, ist dieser kaum wieder gut?zu?machen (____).

TIPP

Untrennbare Zusammensetzungen, bei denen die Reihenfolge der Bestandteile immer die gleiche ist, werden immer **zusammengeschrieben**, z. B. „vollbringen".

2 *Entscheide und notiere, ob es sich bei den folgenden Infinitiven um untrennbare Zusammensetzungen handelt. Formuliere zur Überprüfung einen kurzen Beispielsatz. Arbeite in deinem Heft.*

schlussfolgern *Es wurde geschlussfolgert.* *untrennbar*

handhaben *abhandenkommen* *schlafwandeln*

!

Getrennt- und Zusammenschreibung bei Wortgruppen mit Adjektiven und Partizipien

Bei **Wortgruppen mit Partizipien als zweitem Bestandteil** gilt:

1. Zusammenschreibung, wenn der Ausdruck auch in der Infinitivform zusammengeschrieben wird, z. B. *herunterfallend*, wegen Zusammenschreibung im Infinitiv: *herunterfallen.*
2. Zusammenschreibung, wenn das erste Wort eine Wortgruppe ersetzt, z. B. ***sagen**umwoben*, ersetzt ***von Sagen** umwoben.*

Bei **Wortgruppen mit Adjektiven als zweitem Bestandteil** gilt:

3. im Allgemeinen Getrenntschreibung, z. B. *kochend heiß.* Besonders trifft dies auf Verbindungen zu, bei denen der erste Bestandteil erweitert oder gesteigert ist, z. B: *besonders schwer verständlich, leichter verdaulich.*
4. Zusammenschreibung, wenn zwei gleichrangige Adjektive verbunden werden, z. B. *blaugrau, nasskalt*, oder wenn der erste Bestandteil bedeutungsverstärkend oder -abschwächend ist, z. B. *superfein* für *sehr fein.*
5. Zusammenschreibung, wenn ein Bestandteil nicht selbstständig vorkommt, z. B. *groß**mütig**, viel**deutig***).

3 a) *Füge, wenn nötig, Verbindungen zwischen den folgenden Wörtern ein. Streiche bei den Kombinationen von Nomen + Adjektiv oder Nomen + Partizip die falsche Variante durch.*
b) *Schreibe die Nummer der jeweils zutreffenden Regel aus dem Kasten hinter den Begriff.*

Starke Leistung, fairer Preis – das bietet Ihnen unser neuester PC!

S/schadstoff freies Gehäuse (2)
B/bahn brechende Grafik (__)
S/strahlungs armer Monitor (__)
ultra starke Soundkarte (__)
leise arbeitender Prozessor (__)
extra große Festplatte (__)

bläulich grünes Design (__)

silber graues Gehäuse (__)
voll funktionsfähiges Headset (__)
B/batterie betriebene Funkmaus (__)
F/furore machendes Softwarepaket (__)
L/leistungs fähiger Arbeitsspeicher (__)
Laufwerk mit sechzehn facher Geschwindigkeit (__)

4 *Schreibe die folgenden Sätze richtig in dein Heft. Achte auch auf die Groß- und Kleinschreibung. In einigen Fällen ist Getrennt- und Zusammenschreibung möglich (beachte auch das Merkwissen auf S. 58). Schlage in einem aktuellen Wörterbuch nach, wenn du unsicher bist.*

vorkurzembeschlossdaskultusministeriumeineschwerwiegendeänderungderschulordnung:
handyssindnunindenschulenverboten,auchdann,wennsieleisegestelltsind.
Dieseaufsehenerregenderegelungsollverhindern,
dassgewaltverherrlichendevideosweiterverbreitetwerden.
gleichzeitigbetonteeinministeriumssprecher,
manwolledielehrernichtzuunerbittlichvorgehendentaschenkontrolleurenmachen.
ohnehindürfteesschwerfallen,dieeinhaltungderregelfestzustellen.
solangedashandystummgeschaltetist,wärendielehrerauf
einedurchsuchungwieamflughafenoderdeneinsatzvonfunksignaleortendengerätenangewiesen.
vielefragensichdeshalb,obsichdererlassamendealseinegutfunktionierenderegelungherausstelltoderdasvieldiskutierte
problemweiterhinaufdertagesordnungstehenwird.

Rechtschreibtraining: Groß- und Kleinschreibung

!

Nomen und Nominalisierungen

Nomen und Nominalisierungen (= als Nomen gebrauchte Wörter anderer Wortarten) werden **großgeschrieben**, z. B.: *die Allgemeinheit* (Nomen); *allgemein* (Adjektiv) ▷ *im Allgemeinen* (Nominalisierung). Du erkennst sie an folgenden Nomensignalen:

Nomensignale	Beispiele
◻ ein vorausgehender **Artikel**, manchmal mit einer **Präposition** verbunden	*das Schwimmen, auf dem Laufenden sein, beim Beobachten, im Großen und Ganzen, den Kürzeren ziehen*
◻ ein vorangestelltes **Adjektiv**, oft in Verbindung mit einem Artikel	*langes Tauchen, das gellende Schreien, eine gute Bekannte, langes Hin und Her*
◻ ein vorangestelltes **Pronomen oder Zahlwort**	*dein Haus, drei Viertel des Weges, jeder Dritte*
◻ ein **Indefinitpronomen**	*alles Gute, etwas Gelungenes*

Manchmal steht kein Nomensignal im Satz. Wenn du im Kopf einen Artikel ergänzen kannst, handelt es sich um ein Nomen oder eine Nominalisierung.

1 *Setze die Wörter in Klammern in richtiger Schreibweise in die Lücken ein.*

Der Klimawandel – Palmen in Bayern?

Klimawandel an ________ (sich) ist nichts ________ (neues). Schon immer hat sich das Klima gewandelt. In ________ (bezug) auf die letzten ________ (zwei millionen) Jahre ist das Klima sogar außergewöhnlich stabil geblieben. Durchaus ________ (neu) ist aber, dass es sich innerhalb weniger Jahrzehnte dramatisch verändert. So sind die Winter in Deutschland ________ (heute) durchschnittlich um 2,3° C wärmer als noch vor 20 Jahren. Die Winterniederschläge sind um rund ein ________ (drittel) des Werts von 1970 gestiegen. Es wird aber noch eine ganze ________ (weile) dauern, bis Palmen auf Bayerns Almen gedeihen. Niemand vermag wirklich im ________ (voraus) zu sagen, welche genauen Auswirkungen dies auf das Leben auf der Erde haben wird. Vermutlich werden arme Länder den ________ (kürzeren) ziehen. Aber auch jeder ________ (einzelne) von uns wird betroffen sein. Befragt man Passanten nach Klimaveränderungen, wird von ________ (jung) und ________ (alt) als ________ (erstes) die Erhöhung der Temperaturen genannt. Dabei ist gerade sie es, die wir am ________ (wenigsten) spüren. Dramatischer werden Sturm- und Flutereignisse sein. Städte an großen Flüssen können sich auf das ________ (äußerste) gefasst machen.

!

Denominalisierungen

Von Denominalisierung spricht man, wenn aus Nomen Wörter anderer Wortarten entstehen. Diese werden kleingeschrieben:

- ☐ Adverbien und Präpositionen auf *-s* oder *-ens*, z. B.: *anfangs, seitens, teils ... teils*;
- ☐ Präpositionen und Teile von Präpositionen, z. B.: *kraft, dank, trotz*;
- ☐ Indefinitpronomen und Zahlwörter, z. B.: *ein paar, ein bisschen*;
- ☐ die Wörter *angst, gram, klasse, leid, pleite, recht, schnuppe, spitze, unrecht, weh* in Verbindung mit den Verben *sein, bleiben* oder *werden*.
  Beispiele: *Mir ist angst und bange.* Aber: *Ich habe Angst.*
  Er ist die viele Arbeit leid. – Es tut mir leid. – Es wird ihm noch leidtun.

2 *Bilde mit den folgenden Wörtern bzw. Wortgruppen Beispielsätze, in denen du sie in der angegebenen Schreibweise verwendest.*

Anfang — Man bemerkte die Erderwärmung am Anfang nicht.

anfangs — Die Erderwärmung wurde anfangs nicht bemerkt.

Seite — An der Seite ist Fehrig

seitens

Kraft — Bela hat niemals viel Kraft

kraft

ein paar — Ein paar Schüler stehen

ein Paar — Am Fluss läuft ein Paar entlang

unrecht

Unrecht

☆ **3** *Setze die folgenden Wörter in richtiger Schreibung in den Lückentext ein.*

Grund zur Besorgnis?

ZEIT LETZTEN ENDES KURZ ODER LANG

TROTZ ANFANGS DANK LEID ABSEITS ANGST UND BANGE BISSCHEN

Als Max anfangs die Nachrichten über die Erderwärmung verfolgte, wurde ihm Angst und Bange. Doch nachdem er ein bisschen nachgedacht hatte, begann er sich zu freuen. Über Kurz oder lang würde vielleicht das Meer bis an die Alpen reichen. Und trotz dank dieser Entwicklung würde er, Max, letzten Endes zweierlei tun können: bergsteigen und seefahren an einem Tag. Davon hatte er Zeit seines Lebens geträumt. Doch trotz der guten Aussichten tat ihm dann doch eines leid. Um Abseits der Wassermassen weiterzuleben, würden alle auf den Alpen zusammenrücken – dann wäre kein Platz mehr zum Bergsteigen!

!

Ausnahmen und Zweifelsfälle
Groß- und Kleinschreibung ist möglich bei:

1. festen Wendungen aus *aufs* (*auf das*) und Superlativ, die sich mit „wie?" erfragen lassen, z. B.: *Er amüsiert sich aufs beste/Beste.*
2. Personalpronomen, vor denen ein bestimmter Artikel steht, z. B.: *Es ist das ihrige/Ihrige.*
3. festen Verbindungen aus Präposition und dekliniertem Adjektiv ohne Artikel, z. B.: *von neuem/Neuem, seit langem/Langem.*
4. den Wörtern *dutzend, hundert* und *tausend*, wenn sie eine unbestimmte Menge angeben, z. B.: *Es kamen tausende/Tausende von Zuschauern.* Aber: *Es kamen tausend Zuschauer.*
5. den Wörtern *Recht* und *Unrecht*, wenn sie in Verbindung mit den Verben *haben, behalten, bekommen* gebraucht werden, z. B.: *Sie hat recht/Recht.*
   Aber: *Das ist mir recht. – Sie ist im Recht.*
6. *viel, wenig, der/die/das eine, der/die/das andere* werden kleingeschrieben, außer wenn ihr Gebrauch als Nomen betont werden soll, z. B.: *Die Einen sagen das, die Anderen jenes.*

4 *Sind die unterlegten Wörter in den folgenden Sätzen richtig oder falsch geschrieben? Kreuze an und gib jeweils eine kurze Begründung an.*

	richtig	falsch	Begründung
Der Urlaub ist aufs genaueste geplant.	x		Regel 1 trifft zu Groß- und Kleinschreib. möglich
Wir machen uns aufs schlimmste gefasst.			
Grüß mir zu Hause doch die Deinen.			
Das ist bei weitem der schönste Urlaubsort.			
Er wollte Viel, doch bekam Wenig.			
Ich möchte bitte ein dutzend Äpfel.			
Er wird Unrecht behalten.			

TIPP

In Briefen wird das höfliche Anredepronomen *Sie* oder *Ihr* großgeschrieben, *du, dir, dein* werden in der Regel kleingeschrieben. Du kannst jedoch als Zeichen besonderer Höflichkeit auch großschreiben, z. B.: *„Lieber Klaus, ich schreibe Dir ..."*

5 *Setze in der folgenden Ansichtskarte die Pronomen (du, dich, dir, dein) in der richtigen Schreibung ein. Entscheide dich für eine Schreibweise und wende diese an.*

Lieber Willi, ____ glaubst gar nicht, wie heiß es hier in Tunesien ist. Wenn ____ hier vor die Hoteltüre trittst, erwarten ____ Temperaturen von knapp 40 Grad. Ein solche Hitze könntest ____ nicht ertragen, das würde ____ glatt umwerfen. Der Basar würde ____ aber bestimmt auch gefallen, da kannst ____ alles Mögliche erstehen. Alles Weitere erzähle ich ____ beim Diaabend zu Hause. Viele Grüße, ____ Berti

Rechtschreibtraining: Worttrennung am Zeilenende

!

- Mehrsilbige Wörter trennt man nach Sprechsilben. Die Silben hörst du beim langsamen, betonten Sprechen (z. B.: *Ro-man, Ge-dicht*). Vermeide sinnentstellende Trennungen, z. B.: *be-inhalten* statt *bein-halten.*
- Ein einzelner Konsonant im Wortinneren kommt in der Regel auf die neue Zeile; bei mehreren Konsonanten wird der letzte auf die neue Zeile gesetzt, z. B.: *Bu-be, Kas-ten, leuch-ten.*
- Ein einzelner Vokal am Wortanfang oder -ende wird nicht abgetrennt, z. B.: *Igel, Kleie.*
- Konsonantenverbindungen wie *-ch-, -ck-, -sch-* werden nicht getrennt, z. B.: *Ach-se, kna-cken, La-sche.*
- Zusammengesetzte Wörter und Wörter mit einer Vor- und Nachsilbe werden nach ihren Bestandteilen getrennt, z. B.: *Ver-schlag, Rück-kehr, Ab-fahrt.*
- Die Trennung an solchen sinnvollen Einschnitten ist derjenigen nach Sprechsilben vorzuziehen, also besser: *Wort-inneres* als *Wortin-ne-res.*

1 *Markiere mit einem blauen Strich (|), wo die Wörter getrennt werden können. Kennzeichne die bevorzugten Trennstellen bei Zusammensetzungen oder bei Wörtern mit Vor- und Nachsilben mit einem roten Strich (|).*

Loriots Fein|schme|cker|tipps

Elefanten-Creme

Je nach Personenzahl einen bis zwei zarte Elefanten mit drei Litern Vollmilch und 150 Gramm Zucker kurz aufwellen lassen, unter ständigem Rühren ein Eigelb beigeben, in eine gespülte Puddingform gießen, nach dem Erkalten stürzen und mit Mandeln servieren. Statt der Elefanten können auch Schokolade, Vanille oder Himbeeren verwendet werden.

Nilpferd in Burgunder

Etwas für festliche Tage, vorausgesetzt, dass sich das Nilpferd in Burgunder wohlfühlt. Nilpferd waschen und trocknen, in passendem Schmortopf mit 2 000 Litern Burgunder, sechs bis acht Zwiebeln, zwei kleinen Mohrrüben und einigen Nelken acht bis vierzehn Tage kochen, herausnehmen, abtropfen lassen und mit Petersilie servieren.

TIPP

- In **Fremdwörtern** werden die **Konsonantenverbindungen ph**, **rh**, **sh** und **th** nicht getrennt, wenn sie für einen einfachen Laut stehen, z. B.: *Phi-lo-so-phie, Myr-rhe, Fa-shion, ka-tho-lisch.*
- In Fremdwörtern können die Verbindungen von **Konsonant + l**, **n**, **r** ungetrennt bleiben, z. B.: *Pub-li-kum* oder *Pu-bli-kum, Feb-ru-ar* oder *Fe-bru-ar, In-dust-rie* oder *In-dus-trie.*

Wenn du unsicher bist, schlage in einem aktuellen Wörterbuch nach.

2 *a) Markiere mit einem Strich, wo die gelb unterlegten Wörter getrennt werden können.*
b) Gib für die grün unterlegten Wörter die beiden möglichen Varianten an.

Katastrophe Mathematik Paraphrase Geomorphologie Interesse Washington

traditionell/traditionell Zyklus/Zyklus Magnet/Magnet

Hydrant/Hydrant Zentrum/Zentrum Publikum/Publikum

Zeichensetzung

!

Komma bei Infinitiv- und Partizipialsätzen

- Infinitiv- und Partizipgruppen **kann** man durch Kommas abtrennen, um die Gliederung eines Satzes zu verdeutlichen oder Missverständnisse zu vermeiden, z. B.: „Wir versuchen[,] *nicht[,] zu verlieren.*“

Wenn du Infinitivsätze immer durch Komma abtrennst, vermeidest du Fehler.
In folgenden Fällen **muss** ein Komma gesetzt werden:

- bei Infinitiv- oder Partizipsätzen, die **von einem hinweisenden Wort abhängen**, z. B.: „Mich freut **es**, *dich wiederzusehen.*“ „*Laut lachend*, **so** kamen sie aus dem Kino.“
- bei Partizipialsätzen, die als **Einschub** oder **Nachtrag** anzusehen sind, z. B.: „Hans/Er, *das Haar völlig zerzaust*, kam auf mich zu.“ „Sein Vorschlag, *Eis essen zu gehen*, gefiel allen.“
- bei Infinitivgruppen, die mit ***statt***, ***anstatt***, ***um***, ***als***, ***ohne***, ***außer*** eingeleitet werden, z. B.: „Er ging ins Kino, ***um*** *sich zu amüsieren.*“
- bei Infinitivsätzen, die von einem Nomen abhängen: „Wir hatten **die Idee**, *ins Kino zu gehen.*“

1 *Setze alle zulässigen Kommas. Klammere die nicht zwingend zu setzenden Kommas ein.*

Conrad Ferdinand Meyer – ein Schweizer Autor des 19. Jahrhunderts

Am 10.11.1825 wird C. F. Meyer in Zürich geboren. Seine Mutter legt hohen Wert darauf ihren Sohn zu einem angesehenen Mitglied der Gesellschaft zu machen. Stets versucht er ihrem Ansinnen zu entsprechen. Doch der Plan Jurist zu werden scheitert. Meyer heftig an sich zweifelnd verfällt in Depressionen. Er ist gezwungen eine Heilanstalt aufzusuchen. Meyer beginnt sich in historische Studien zu vertiefen. Ein Ergebnis davon sind seine sehr erfolgreichen historischen Romane. Trotz zunehmender Anerkennung schafft er es aber nicht seine Ängste der Umwelt gegenüber abzulegen. 1891 erfasst ihn eine tiefe Melancholie die es erforderlich macht ihn erneut in eine Heilanstalt einzuweisen. Ohne sich erholt zu haben stirbt der berühmte Schweizer Dichter 1898.

!

Komma in Satzreihen und Satzgefügen

- Das Komma trennt immer Haupt- und Nebensatz.
- Das Komma trennt zwei Hauptsätze, die ohne Konjunktion verbunden sind, z. B.: „Er kam, sie schwieg.“
- Verbindet eine nebenordnende Konjunktion wie *und, oder, denn* zwei Hauptsätze, **kann** ein Komma gesetzt werden, z. B.: „Er kam nach Hause[,] *und* sie sah ihn stumm an.“
- Das Komma trennt zwei **Nebensätze**, wenn sie nicht durch nebenordnende Konjunktionen verbunden sind, z. B.: „Wenn er spät nach Hause kommt, *weil* er sich verspätet hat, blickt sie ihn stumm an.“

2 *Füge im folgenden Ausschnitt aus C. F. Meyers Erzählung „Der Heilige“ alle zulässigen Kommas ein und setze alle nicht notwendigen Kommas in Klammern.*

Langsam fallend deckte der Schnee das Feld und die Dächer vereinzelter Höfe rechts und links von der Heerstraße. Dichter und dichter schwebten die Flocken als wollten sie das bleiche Morgenlicht auslöschen und die Welt stille machen Weg und Steg verhüllend und das Wenige was sich darauf bewegte. Jetzt erscholl auf dem Holzboden der Brücke welche sich unfern der Stadt über den Sihlstrom legt der dumpfe Hufschlag eines Pferdes und unter dem Sparrenwerk der finstern den Stadtmauern zugewendeten Öffnung erschien ein einsamer Reiter. Seine Gestalt war so warm in einen Mantel gewickelt und er hatte sich dessen Kapuze derart über den Kopf gezogen dass von ihm kaum mehr als ein Bart zum Vorschein kam.

Test: Rechtschreibung und Zeichensetzung

1 *Trage die Wörter in Klammern in der richtigen Groß- und Klein- bzw. Zusammen- und Getrenntschreibung in die Lücken ein. (In einigen Fällen sind zwei Lösungen möglich.)*

2 *Setze alle zulässigen Kommas, klammere die nicht notwendigen ein.*

3 *a) Markiere mit einem blauen Strich (|), wo die unterstrichenen Wörter getrennt werden können.*
b) Kennzeichne bei diesen Wörtern die bevorzugten Trennstellen mit einem roten Strich (|).

Die Welt zu Gast bei Freunden

Die ansonsten wenig ____________________ (DEUTSCHLAND?FREUNDLICHEN) Boulevardzeitungen in aller Welt waren ____________ (ANFANGS) nicht ____________________ (DARAUF?GEFASST). Würden die Deutschen tatsächlich so ________________ (fröhlich/sein) wie es das Motto „Die Welt zu Gast bei Freunden“ versprach? Dass sich die Deutschen ____________________ (DARAUF ?VERSTEHEN) Veranstaltungen zu organisieren war eine __________________ (ALLGEMEIN?GÜLTIGE) Weisheit. Aber die Vorstellung sie könnten ______________ (AUSGELASSEN?FEIERN) und die Fähigkeit besitzen über sich ________________ (LACHEN?ZU?KÖNNEN) das schien nun doch eine ________________ (GROSS?SPURIGE) und ____________________ (BITTER?BÖSE) Übertreibung zu sein. Sie sollten ________________ (UNRECHT?BEHALTEN). Bereits die ________________ (WELT?OFFENE) Stimmung der Eröffnungsfeier war beeindruckend. Unter ________________________ (STRAHLEND?BLAUEM) Himmel begann nach einem ________________ (OHREN?BETÄUBENDEN) Trommelwirbel ein Fest das noch lange von sich ____________________ (REDEN?MACHEN) wird. Die Mannschaften wurden von ____________ (TAUSENDEN) ____________________ (BEGEISTERT?FEIERNDEN) Zuschauern unterstützt. Jedes Tor wurde ____________ (LAUT?STARK) bejubelt. Unauffällig verhinderten die Sicherheitskräfte in den ______________ (VIDEO?ÜBERWACHTEN) Stadien Störungen indem sie auf mögliche Randalierer ____________ (ACHT?GABEN). Die deutsche Mannschaft unterhielt das Publikum mit spannenden Spielen aufs __________ (BESTE) und ____________ (EIN?PAAR) äußerst sehenswerte Tore taten ein ____________ (ÜBRIGES). Gegen Italien zog die DFB-Auswahl allerdings den ____________ (KÜRZEREN). Als sich die deutsche Mannschaft schließlich mit dem ____________ (DRITTEN) Platz verabschiedete konnte man nur ____________________ (UNGLÄUBIG?STAUNEND) zusehen wie die Fans ihre ________________ (HEISS?BEGEHRTEN) Spieler auf der Berliner Partymeile ______________ (HOCH?LEBEN) ließen. Am Ende hatten die Zuschauer aus aller Welt ein friedliches gastfreundliches Deutschland ______________ (KENNEN?GELERNT).

Erzählende Texte erschließen

!

Erzählende Texte erschließen
Um einen Text besser verstehen zu können, musst du ihn sorgfältig erschließen: Wovon handelt der Text und wie ist er erzählt? Folgende Analyseaspekte können dabei in den Blick genommen werden:

1. Fasse das **Thema** oder den **zentralen Konflikt** zusammen.
2. Untersuche **Ort**, **Zeit** und **Aufbau der Handlung**. Ist sie linear angelegt, gibt es Rückblenden oder Vorausdeutungen, sind verschiedene Ebenen miteinander verwoben?
3. Analysiere die **Figuren und ihre Konstellation**.
4. Gibt es **sprachliche Besonderheiten** (z. B. besondere Wortwahl, Wiederholungen, Metaphern o. Ä.)?
5. Beschreibe den Erzähler nach seiner Position (**Erzählverhalten**): allwissender (auktorial), personaler (aus der Perspektive einer oder mehrerer Personen) oder neutraler (sachlich berichtender) Erzähler. Der Erzähler ist nicht mit dem Autor gleichzusetzen.
6. Ermittle die **Erzählform**: Er-/Sie-Form (Erzähler tritt als Person in den Hintergrund) oder Ich-Form (Erzähler erscheint als erlebende oder erzählende Person).
7. Bestimme die **Formen der Darbietung**: Erzählbericht (Außensicht) oder Figurenrede (Innensicht: direkte Rede, indirekte Rede, innerer Monolog, erlebte Rede).

1 *Lies den folgenden Textauszug genau.*

Uwe Timm
Am Beispiel meines Bruders (2003) (1)

Erhoben werden – Lachen, Jubel, eine unbändige Freude – diese Empfindung begleitet die Erinnerung an ein Erlebnis, ein Bild, das erste, das sich mir eingeprägt hat, mit ihm beginnt für mich das Wissen von mir selbst, das Gedächtnis: Ich komme aus dem Garten in die Küche, wo die Erwachsenen stehen, meine Mutter, mein Vater, meine Schwester. Sie stehen da und sehen mich an. Sie werden etwas gesagt haben, woran ich mich nicht mehr erinnere, vielleicht: Siehst du etwas? Und sie werden zu dem weißen Schrank geblickt haben, von dem mir später erzählt wurde, es sei ein Besenschrank gewesen. Dort, das hat sich als Bild mir genau eingeprägt, über dem Schrank, sind Haare zu sehen, blonde Haare. Dahinter hat sich jemand versteckt – und dann kommt er hervor, der Bruder, und hebt mich hoch. An sein Gesicht kann ich mich nicht erinnern, auch nicht an das, was er trug, wahrscheinlich Uniform, aber ganz deutlich ist diese Situation: Wie mich alle ansehen, wie ich das blonde Haar hinter dem Schrank entdecke, und dann dieses Gefühl, ich werde hochgehoben – ich schwebe. Es ist die einzige Erinnerung an den 16 Jahre älteren Bruder, der einige Monate später, Ende September, in der Ukraine schwer verwundet wurde.

30. 09. 1943

Mein Lieber Papi
Leider bin ich am 19. Schwer verwundet ich bekam ein Panzerbüchsenschuß durch beide Beine die sie mir nun abgenommen haben. Das rechte Bein haben sie unterm Knie abgenommen und daß linke Bein wurde am Oberschenkel abgenommen sehr große Schmerzen habe ich nicht mehr tröste die Mutti es geht alles vorbei in ein paar Wochen bin ich in Deutschland dann kanns Du Mich besuchen ich bin nicht waghalsig gewesen
Nun will ich schließen
Es Grüßt Dich und Mama, Uwe und alle
Dein Kurdel

Am 16. 10. 1943 um 20 Uhr starb er in dem Feldlazarett 623.

Abwesend und doch anwesend hat er mich durch meine Kindheit begleitet, in der Trauer der Mutter, den Zweifeln des Vaters, den Andeutungen zwischen den Eltern. Von ihm wurde erzählt, das waren kleine, immer ähnliche Situationen, die ihn als mutig und anständig auswiesen. Auch wenn nicht von ihm die Rede war, war er doch gegenwärtig, gegenwärtiger als andere Tote, durch Erzählungen, Fotos und in den Vergleichen des Vaters, die mich, den Nachkömmling, einbezogen.

Mehrmals habe ich den Versuch gemacht, über den Bruder zu schreiben. Aber es blieb jedes Mal bei dem Versuch. Ich las in seinen Feldpostbriefen und in dem Tagebuch, das er während seines Einsatzes in Russland geführt hat. Ein kleines Heft in einem hellbraunen Einband mit der Aufschrift Notizen.

Ich wollte die Eintragungen meines Bruders mit dem Kriegstagebuch seiner Division, der SS-Totenkopfdivision, vergleichen, um so Genaueres und über seine Stichworte Hinausgehendes zu erfahren. Aber jedes Mal, wenn ich in das Tagebuch oder in die Briefe hineinlas, brach ich die Lektüre schon bald wieder ab.

Ein ängstliches Zurückweichen, wie ich es als Kind von einem Märchen her kannte, der Geschichte von Ritter Blaubart. Die Mutter las mir abends die Märchen der Gebrüder Grimm vor, viele mehrmals, auch das Märchen von Blaubart, doch nur bei diesem mochte ich den Schluss nie hören. So unheimlich war es, wenn Blaubarts Frau nach dessen Abreise, trotz des Verbots, in das verschlossene Zimmer eindringen will. An der Stelle bat ich die Mutter, nicht weiterzulesen. Erst Jahre später, ich war schon erwachsen, habe ich das Märchen zu Ende gelesen.

Da schloss sie auf, und wie die Tür aufging, schwamm ihr ein Strom Blut entgegen, und an den Wänden herum sah sie tote Weiber hängen, und von einigen waren nur die Gerippe noch übrig. Sie erschrak so heftig, dass sie die Türe gleich wieder zuschlug, aber der Schlüssel sprang dabei heraus und fiel in das Blut. Geschwind hob sie ihn auf und wollte das Blut abwaschen, aber es war umsonst, wenn sie es auf der einen Seite abgewischt, kam es auf der anderen Seite wieder zum Vorschein.

2 *Gliedere den Textauszug auf S. 66–67 in einzelne Sinnabschnitte und formuliere für jeden Abschnitt eine treffende Überschrift. Notiere in der Randspalte.*

3 *Fasse einleitend für deine Texterschließung den Inhalt des Textauszugs S. 66–67 in ein bis zwei Sätzen zusammen.*

In dem Romanauszug „Am Beispiel meines Bruders" von Uwe Timm

4 *a) Beschreibe knapp: Welche Beziehung besteht zwischen dem Ich-Erzähler und seinem Bruder?*

b) Erkläre die Funktion des Märchens im Text: Warum erzählt der Ich-Erzähler es?

5 *a) Untersuche die Besonderheiten im Erzählverhalten und in der Form der Darbietung, indem du im folgenden Text jede Veränderung und jeden Wechsel von Handlungsort und -zeit sowie von Innen- und Außensicht in verschiedenen Farben markierst.*

b) Fasse deine Beobachtungen unter Angabe der Textpassagen zusammen und beschreibe die Wirkung dieser Wechsel.

Uwe Timm

Am Beispiel meines Bruders (2)

Die Division galt unter den SS-Divisionen als eine Eliteeinheit, wie auch die Divisionen Das Reich und Leibstandarte Adolf Hitler. Die Totenkopfdivision war 1939 aus der Wachmannschaft des Dachauer KZ gebildet worden. Als besonderes Zeichen trugen die Soldaten nicht nur wie die anderen SS-Einheiten den Totenkopf an der Mütze, sondern auch am Kragenspiegel.

Seltsam war an dem Jungen, dass er hin und wieder in der Wohnung verschwand. Und zwar nicht, weil er eine Bestrafung zu befürchten hatte, er verschwand einfach so, ohne ersichtlichen Grund. Plötzlich war er unauffindbar. Und ebenso plötzlich war er wieder da. Die Mutter fragte, wo er gesteckt habe. Er verriet es nicht. Es war die Zeit, als er körperlich recht schwach war. Blutarmut und Herzflimmern hatte Dr. Morthorst diagnostiziert. In der Zeit war der Bruder nicht zu bewegen, draußen zu spielen.

6 *Erschließe den vorausgegangenen Textausschnitt „Am Beispiel meines Bruders (2)“, indem du Erzählverhalten, die Formen der Darbietung und die sprachliche Gestaltung untersuchst. Schreibe in dein Heft.*

7 *Welchen Aufbau zeigt die Handlung im Textauszug „Am Beispiel meines Bruders (2)“? Beachte beide Abschnitte (Z. 1–11 und Z. 12–25). Kreuze an.*

- ☐ linear
- ☐ Rückblenden
- ☐ Vorausdeutungen
- ☐ gleichzeitig mehrere Handlungsstränge

8 *Versuche vor dem Hintergrund deiner Analyse-Ergebnisse von S. 66 und 67 zu erklären, welche Absicht der Autor Uwe Timm mit dem Text „Am Beispiel meines Bruders“ verfolgt haben könnte.*

Eine Kurzgeschichte erschließen

!

Die Kurzgeschichte ist eine **knappe moderne Erzählung**, die eine Momentaufnahme, einen krisenhaften Ausschnitt oder eine wichtige Episode aus dem Alltagsleben eines oder mehrerer Menschen zeigt. Kurzgeschichten haben meist folgende **Merkmale**:

- **geringer Umfang**,
- Ausschnitt aus einem **alltäglichen Geschehen**, der für die dargestellten Personen von besonderer Bedeutung ist,
- **unmittelbarer Einstieg** in das Geschehen, das schlagartig eine Situation aufreißt,
- **zielstrebiger Handlungsverlauf** hin zu einem Höhe- oder Wendepunkt,
- **offener Schluss**, der viele Deutungsmöglichkeiten zulässt,
- meist **Alltagssprache** mit einfachem Satzbau und umgangssprachlichen Elementen in direkter Rede.

Die Kurzgeschichte hat sich als eigenständige Kunstform in Deutschland nach dem Zweiten Weltkrieg entwickelt. Stand anfangs die Auseinandersetzung und die Bewältigung der Vergangenheit im Mittelpunkt des Erzählten, so ist die Kurzgeschichte heute vor allem ein Medium, in dem Alltagssituationen aufgearbeitet werden.

Der Schriftsteller Heinrich Böll (1917–1985) gehört zu den bekanntesten deutschsprachigen Autoren der Nachkriegszeit und hat vor allem wegen seiner oft satirischen Kurzgeschichten viel Beachtung gefunden. Als einer der bedeutendsten Vertreter der Trümmerliteratur setzte er sich besonders mit Kriegs- und Nachkriegszeit auseinander. 1972 erhielt er den Nobelpreis für Literatur.

Heinrich Böll
Mein teures Bein (1950)

Sie haben mir jetzt eine Chance gegeben. Sie haben mir eine Karte geschrieben, ich soll zum Amt kommen, und ich bin zum Amt gegangen. Auf dem Amt waren sie sehr nett. Sie nahmen meine Karteikarte und sagten „Hm." Ich sagte auch „Hm."
„Welches Bein?", fragte der Beamte.
„Rechts."
„Ganz?"
„Ganz."
„Hm", machte er wieder. Dann durchsuchte er verschiedene Zettel. Ich durfte mich setzen.
Endlich fand der Mann einen Zettel, der ihm der richtige zu sein schien. Er sagte: „Ich denke, hier ist etwas für Sie. Eine nette Sache. Sie können dabei sitzen. Schuhputzer in einer Bedürfnisanstalt auf dem Platz der Republik. Wie wäre das?"
„Ich kann nicht Schuhe putzen; ich bin immer schon aufgefallen wegen schlechten Schuhputzens."
„Das können Sie lernen", sagte er. „Man kann alles lernen. Ein Deutscher kann alles. Sie können, wenn Sie wollen, einen kostenlosen Kursus mitmachen."
„Hm", sagte ich.
„Also gut?"
„Nein", sagte ich, „ich will nicht. Ich will eine höhere Rente haben."
„Sie sind verrückt", erwiderte er sehr freundlich und milde.
„Ich bin nicht verrückt, kein Mensch kann mir mein Bein ersetzen, ich darf nicht einmal mehr Zigaretten verkaufen, sie machen jetzt schon Schwierigkeiten."
Der Mann lehnte sich weit in seinen Stuhl zurück und schöpfte eine Menge Atem.
„Mein lieber Freund", legte er los. „Ihr Bein ist ein verflucht teures Bein. Ich sehe, dass Sie neunundzwanzig Jahre alt sind, von Herzen gesund, überhaupt vollkommen gesund bis auf das Bein. Sie werden siebzig Jahre alt. Rechnen Sie sich bitte aus, monatlich siebzig Mark, zwölfmal im Jahr, also einundvierzig mal zwölf mal siebzig. Rechnen Sie das bitte aus, ohne die Zinsen, und denken Sie doch nicht, dass Ihr Bein das einzige Bein ist. Sie sind auch nicht der Einzige, der wahrscheinlich lange leben wird. Und dann Rente erhöhen! Entschuldigen Sie, aber Sie sind verrückt."
„Mein Herr", sagte ich, lehnte mich nun gleichfalls zurück und schöpfte eine Menge Atem. „Ich denke, dass Sie mein Bein stark unterschätzen. Mein Bein ist viel teurer, es ist ein sehr teures Bein. Ich bin nämlich nicht nur von Herzen, sondern leider auch im Kopf völlig gesund."
„Meine Zeit ist sehr kurz."
„Passen Sie auf!", sagte ich. „Mein Bein hat nämlich einer Menge von Leuten das Leben gerettet, die heute eine nette Rente beziehen.
Die Sache war damals so: Ich lag ganz allein irgendwo vorne und sollte aufpassen, wann sie kämen, damit die anderen zur richtigen Zeit stiften gehen konnten. Die Stäbe hinten waren am Packen und wollten nicht zu früh, aber auch nicht zu spät stiften gehen. Erst waren wir zwei, aber den

haben sie totgeschossen, der kostet nichts mehr. Er war zwar verheiratet, aber seine Frau ist gesund und kann arbeiten. Sie brauchen keine Angst zu haben. Der war also furchtbar billig. Er war erst vier Wochen Soldat und hat nichts gekostet als eine Postkarte und ein bisschen Kommissbrot. Das war einmal ein braver Soldat, der hat sich wenigstens richtig totschießen lassen. Nun lag ich aber da allein und hatte Angst, und es war kalt, und ich wollte auch stiften gehen, ja, ich wollte gerade stiften gehen, da ..."

„Meine Zeit ist sehr kurz", sagte der Mann und fing an, nach seinem Bleistift zu suchen.

„Nein hören Sie zu", sagte ich, „jetzt wird es erst interessant. Gerade als ich stiften gehen wollte, kam die Sache mit dem Bein. Und weil ich ja doch liegen bleiben musste, dachte ich, jetzt kannst du's auch durchgeben, und ich hab's durchgegeben und sie hauten alle ab, schön der Reihe nach, erst die Division, dann das Regiment, dann das Bataillon und so weiter immer hübsch der Reihe nach. Eine dumme Geschichte, sie vergaßen nämlich mich mitzunehmen, verstehen Sie! Sie hatten 's so eilig. Wirklich eine dumme Geschichte, denn hätte ich das Bein nicht verloren, wären sie alle tot, der General, der Oberst, der Major, immer schön der Reihe nach, und sie brauchten ihnen keine Rente zu zahlen. Nun rechnen Sie mal aus, was mein Bein kostet. Der General ist zweiundfünfzig, der Oberst achtundvierzig, der Major fünfzig, alle kerngesund, von Herzen und im Kopf, und sie werden bei ihrer militärischen Lebensweise mindestens achtzig, wie Hindenburg. Bitte rechnen Sie jetzt aus: einhundertsechzig mal zwölf mal dreißig, sagen wir ruhig durchschnittlich dreißig, nicht wahr? Mein Bein ist ein wahnsinnig teures Bein geworden, eines der teuersten Beine, die ich mir denken kann, verstehen Sie?"

„Sie sind doch verrückt", sagte der Mann.

„Nein", erwiderte ich, „ich bin nicht verrückt. Leider bin ich im Herzen ebenso gesund wie im Kopf, und es ist schade, dass ich nicht auch zwei Minuten, bevor das mit dem Bein kam, totgeschossen wurde. Wir hätten viel Geld gespart."

„Nehmen Sie die Stelle an?", fragte der Mann.

„Nein", sagte ich und ging.

1 a) *Gliedere den Text unter dem Aspekt des Gesprächsverlaufs in Sinnabschnitte. Setze dazu Absatzzeichen ⌐ in den Text.*
b) *Formuliere Überschriften zu jedem Abschnitt in dein Heft. Notiere mit Zeilenangabe, von wo bis wohin die Abschnitte reichen.*

2 *In der Kurzgeschichte spielen die Behinderung des Ich-Erzählers und die Auseinandersetzung mit ihr eine zentrale Rolle.*
a) *Unterstreiche die Textstellen, die wesentliche Aussagen über die Behinderung des Ich-Erzählers enthalten. Verwende für die unterschiedlichen Perspektiven der Gesprächsteilnehmer zwei verschiedene Farben.*
b) *Deute in eigenen Worten die unterschiedliche Einschätzung der Behinderung.*

Der Beamte: ______________________________

____

Der behinderte Mann: ______________________________

____

3 *Wie gelingt es dem Ich-Erzähler sprachlich, die Gesellschaft zu entlarven und die Herzlosigkeit des Beamten besonders wirkungsvoll zu zeigen? Lege nach folgendem Muster eine Tabelle in deinem Heft an.*
a) *Schreibe die auffallendsten sprachlichen und stilistischen Mittel (▷ hintere Umschlagklappe) mit Zeilenangaben heraus und trage sie in die Tabelle ein.*
b) *Beschreibe mit eigenen Worten die Wirkung der sprachlichen und stilistischen Mittel.*

Zeilenangabe	sprachliches/ stilistisches Mittel	Wirkung

4 *Überprüfe anhand des Merkkastens, inwiefern Bölls Erzählung die Merkmale einer Kurzgeschichte aufweist. Schreibe deine Beobachtungen ins Heft.*

Eine Novelle erschließen

!

Die Novelle (von ital. *novella* = Neuigkeit) gehört zu den Kleinformen des Erzählens (im Gegensatz zum Roman). Sie ist eine relativ kurze, in straffer Form erzählte dramatische Begebenheit, die einen deutlichen **Wirklichkeitsbezug** hat.

Novellen haben meist folgende Merkmale:

- Sie erzählen von einer tatsächlichen oder möglichen Einzelbegebenheit.
- Im Zentrum der Handlung steht ein **Konflikt**, der eine Störung der bestehenden Weltordnung bedeutet. Diese wird am Schluss wiederhergestellt.
- Sie weisen eine **strenge Bauform** auf, die dem Drama verwandt ist: knappe Exposition, Zeit raffende, zielgerichtete Hinführung zum Höhe- bzw. Wendepunkt, Verzögerung, Schluss: Lösung/Katastrophe.
- Oft wird ein Gegenstand zum Bedeutungsträger (Dingsymbol, Leitmotiv).
- Sie haben eine **geschlossene Form** (im Gegensatz zur offenen Form der Kurzgeschichte).

Gottfried Keller

Romeo und Julia auf dem Dorfe (1856) (1)

Diese Geschichte zu erzählen, würde eine müßige Nachahmung sein, wenn sie nicht auf einem wirklichen Vorfall beruhte, zum Beweise, wie tief im Menschenleben jede jener Fabeln wurzelt, auf welche die großen alten Werke gebaut sind. Die Zahl solcher Fabeln ist mäßig; aber stets treten sie in neuem Gewande wieder in die Erscheinung und zwingen alsdann die Hand, sie festzuhalten.

An dem schönen Flusse, der eine halbe Stunde entfernt an Seldwyl vorüberzieht, erhebt sich eine weitgedehnte Erdwelle und verliert sich, selber wohlbebaut, in der fruchtbaren Ebene. Fern an ihrem Fuße liegt ein Dorf, welches manche große Bauernhöfe enthält, und über die sanfte Anhöhe lagen vor Jahren drei prächtige lange Äcker weithingestreckt gleich drei riesigen Bändern nebeneinander. An einem sonnigen Septembermorgen pflügten zwei Bauern auf zweien dieser Äcker, und zwar auf jedem der beiden äußersten; der mittlere schien seit langen Jahren brach und wüst zu liegen, denn er war mit Steinen und hohem Unkraut bedeckt, und eine Welt von geflügelten Tierchen summte ungestört über ihm. Die Bauern aber, welche zu beiden Seiten hinter ihrem Pfluge gingen, waren lange knochige Männer von ungefähr vierzig Jahren und verkündeten auf den ersten Blick den sichern, gutbesorgten Bauersmann. Sie trugen kurze Kniehosen von starkem Zwillich[1], an dem jede Falte ihre unveränderliche Lage hatte und wie in Stein gemeißelt aussah. Wenn sie, auf ein Hindernis stoßend, den Pflug fester fassten, so zitterten die groben Hemdärmel von der leichten Erschütterung, indessen die wohlrasierten Gesichter ruhig und aufmerksam, aber ein wenig blinzelnd in den Sonnenschein vor sich hinschauten, die Furche bemaßen oder auch wohl zuweilen sich umsahen, wenn ein fernes Geräusch die Stille des Landes unterbrach. Langsam und mit einer gewissen natürlichen Zierlichkeit setzten sie einen Fuß um den andern vorwärts, und keiner sprach ein Wort, außer wenn er etwa dem Knechte, der die stattlichen Pferde antrieb, eine Anweisung gab. So glichen sie einander vollkommen in einiger Entfernung; denn sie stellten die ursprüngliche Art dieser Gegend dar, und man hätte sie auf den ersten Blick nur daran unterscheiden können, dass der eine den Zipfel seiner weißen Kappe nach vorn trug, der andere aber hinten im Nacken hängen hatte. Aber das wechselte zwischen ihnen ab, indem sie in der entgegengesetzten Richtung pflügten; denn wenn sie oben auf der Höhe zusammentrafen und aneinander vorüberkamen, so schlug dem, welcher gegen den frischen Ostwind ging, die Zipfelkappe nach hinten über, während sie bei dem anderen, der den Wind im Rücken hatte, sich nach vorne sträubte. [...]

Es kam eine Ernte um die andere, und jede sah die Kinder größer und schöner und den herrenlosen Acker schmäler zwischen seinen breit gewordenen Nachbarn. Mit jedem Pflügen verlor er hüben und drüben eine Furche, ohne dass ein Wort darüber gesprochen worden wäre und ohne dass ein Menschenauge den Frevel zu sehen schien. Die Steine wurden immer mehr zusammengedrängt und bildeten schon einen ordentlichen Grat auf der ganzen Länge des Ackers, und das wilde Gesträuch darauf war schon so hoch, dass die Kinder, obgleich sie gewachsen waren, sich nicht mehr sehen konnten, wenn eines dies- und das andere jenseits ging. Denn sie gingen nun nicht mehr gemeinschaftlich auf das Feld, da der zehnjährige Salomon oder Sali, wie er genannt wurde, sich schon wacker auf Seite der größeren Burschen und der Männer hielt; und das braune Vrenchen, obgleich es ein feuriges Dirnchen war, musste bereits unter der Obhut seines Geschlechts gehen, sonst wäre es von den andern als ein Bubenmädchen ausgelacht worden. Dennoch nahmen sie während jeder Ernte, wenn alles auf den Äckern war, einmal Gelegenheit, den wilden Steinkamm,

[1] **Zwillich:** grober Leinenstoff

der sie trennte, zu besteigen und sich gegenseitig von demselben herunterzustoßen. Wenn sie auch sonst keinen Verkehr mehr miteinander hatten, so schien diese jährliche Zeremonie umso sorglicher gewahrt zu werden, als sonst nirgends die Felder ihrer Väter zusammenstießen. [...]

1 *Wie die meisten Erzähltexte gibt auch diese Novelle einführend wichtige Antworten auf die so genannten W-Fragen. Markiere alle wichtigen Informationen in der Einführung der Novelle (▷ S. 71–72) und fasse sie in Stichworten zusammen.*

2 *a) Beschreibe, wie die Landschaft in der Eingangsszene geschildert wird: Achte genau darauf, was im Mittelpunkt der Darstellung steht – der Erzähler verändert seinen Blickwinkel fortlaufend.*

b) Welche sprachlichen Mittel benutzt der Erzähler zur Schilderung? Notiere in Stichworten.

3 *Charakterisiere die beiden Bauern. Gehe auf ihr Äußeres, aber auch auf ihre Eigenschaften und ihr Verhalten ein.*

4 *Kreuze an, welche Begriffe die Eingangssituation gut beschreiben.*

☐ Idylle	☐ heile Welt	☐ fruchtbar
☐ fleißige Männer	☐ gesunde Kinder	☐ Harmonie
☐ Friede	☐ Rechtschaffenheit	☐ Betrug
☐ Geiz	☐ Habgier	☐ Grobheit

☆ **5** *Woraus und wie könnte sich aus der beschriebenen Situation heraus der Konflikt entwickeln, der in der Novelle ausgearbeitet wird? Notiere in Stichworten deine Gedanken.*

Gottfried Keller

Romeo und Julia auf dem Dorfe (2)

Sali und Vrenchen verlieben sich ineinander. Ihre Väter, die beiden Bauern, sind verfeindet und tragen ihren Streit in unerbittlicher Starrheit und mit Hilfe von Anwälten aus. Die Liebenden treffen sich heimlich auf einer Kirchweih, tanzen ausgelassen mit anderen Jungen und Mädchen hinter einem Geiger her aus dem Dorf heraus und wandern dann allein durch die abendlich-stille Landschaft.

Sie horchten eine Weile auf diese eingebildeten oder wirklichen Töne, welche von der großen Stille herrührten oder welche sie mit den magischen Wirkungen des Mondlichts verwechselten, welches nah und fern über die weißen Herbstnebel wallte, welche tief auf den Gründen lagen. Plötzlich fiel Vrenchen etwas ein; es suchte in seinem Brustgewand und sagte: „Ich habe dir doch ein Andenken gekauft, das ich dir geben wollte!" Und sie gab ihm den einfachen Ring und steckte ihm denselben an den Finger. Sali nahm sein Ringlein auch hervor und steckte ihn an Vrenchens Hand; indem er sagte: „So haben wir die gleichen Gedanken gehabt!" Vrenchen hielt seine Hand in das bleiche Mondlicht und betrachtete den Ring. „Ei, wie ein feiner Ring!", sagte es lachend; „nun sind wir aber doch verlobt und versprochen; du bist mein Mann und ich deine Frau; wir wollen es einmal einen Augenblick lang denken, nur bis jener Nebelstreif am Mond vorüber ist oder wir bis zwölf gezählt haben. Küsse mich zwölfmal!"

Sali liebte gewiss ebenso stark wie Vrenchen, aber die Heiratsfrage war in ihm doch nicht so leidenschaftlich lebendig als ein bestimmtes Entweder-oder, als ein unmittelbares Sein oder Nichtsein, wie in Vrenchen, welches nur das eine zu fühlen fähig war und mit leidenschaftlicher Entschiedenheit unmittelbar Tod oder Leben darin sah. Aber jetzt ging ihm endlich ein Licht auf und das weibliche Gefühl des jungen Mädchens ward in ihm auf der Stelle zu einem wilden und heißen Verlangen und eine glühende Klarheit erhellte ihm die Sinne. So heftig er Vrenchen schon umarmt und liebkost hatte, tat er es jetzt doch ganz anders und stürmischer und übersäte es mit Küssen. Vrenchen fühlte trotz aller eigenen Leidenschaft auf der Stelle diesen Wechsel und ein heftiges Zittern durchfuhr sein ganzes Wesen, aber ehe jener Nebelstreif am Monde vorüber war, war es auch davon ergriffen. Im heftigen Schmeicheln und Ringen begegneten sich ihre ringgeschmückten Hände und fassten sich fest, wie von selbst eine Trauung vollziehend, ohne den Befehl eines Willens. Salis Herz klopfte bald wie mit Hämmern, bald stand es still, er atmete schwer und sagte leise: „Es gibt eines für uns, Vrenchen, wir halten Hochzeit zu dieser Stunde und gehen dann aus der Welt – dort ist das tiefe Wasser – dort scheidet uns niemand mehr und wir sind zusammen gewesen – ob kurz oder lang, das kann uns dann gleich sein. –"

Vrenchen sagte sogleich: „Sali – was du da sagst, habe ich schon lang bei mir gedacht und ausgemacht, nämlich dass wir sterben könnten, und dann alles vorbei wäre – schwöre mir es, dass du es mit mir tun willst!"

„Es ist schon so gut wie getan, es nimmt dich niemand mehr aus meiner Hand als der Tod!", rief Sali außer sich. Vrenchen aber atmete auf, Tränen der Freude entströmten seinen Augen; es raffte sich auf und sprang leicht wie der Vogel über das Feld gegen den Fluss hinunter. Sali eilte ihm nach; denn er glaubte, es wolle ihm entfliehen, und Vrenchen glaubte, er wolle es zurückhalten. So sprangen sie einander nach und Vrenchen lachte wie ein Kind, welches sich nicht fangen lassen will. „Bereust du es schon?", rief eines zum andern, als sie am Fluss angekommen waren und sich ergriffen; „nein! es freut mich immer mehr!", erwiderte ein jedes. Aller Sorgen ledig gingen sie am Ufer hinunter und überholten die eilenden Wasser, so hastig suchten sie eine Stätte, um sich niederzulassen; denn ihre Leidenschaft sah jetzt nur den Rausch der Seligkeit, der in ihrer Vereinigung lag, und der ganze Wert und Inhalt des übrigen Lebens drängte sich in diesem zusammen; was danach kam, Tod und Untergang, war ihnen ein Hauch, ein Nichts, und sie dachten weniger daran, als ein Leichtsinniger denkt, wie er den anderen Tag leben will, wenn er seine letzte Habe verzehrt.

„Meine Blumen gehen mir voraus", rief Vrenchen, „sieh, sie sind ganz dahin und verwelkt!" Es nahm sie von der Brust, warf sie ins Wasser und sang laut dazu: „Doch süßer als ein Mandelkern ist meine Lieb zu dir!"

„Halt", rief Sali, „hier ist dein Brautbett!"

Sie waren an einen Fahrweg gekommen, der vom Dorfe her an den Fluss führte, und hier war eine Landungsstelle, wo ein großes Schiff, hoch mit Heu beladen, angebunden lag. In wilder Laune begann er unverweilt, die starken Seile loszubinden, Vrenchen fiel ihm lachend in den Arm und rief: „Was willst du tun? Wollen wir den Bauern ihr Heuschiff stehlen zu guter Letzt?" – „Das soll die Aussteuer sein, die sie uns geben, eine schwimmende Bettstelle und ein Bett, wie noch keine Braut gehabt! Sie werden überdies ihr Eigentum unten wiederfinden, wo es ja doch hin soll, und werden nicht wissen, was damit geschehen ist. Sieh, schon schwankt es und will hinaus!"

Das Schiff lag schon einige Schritte vom Ufer entfernt im tiefen Wasser. Sali hob Vrenchen mit seinen starken Armen hoch empor und schritt durch das Wasser gegen das Schiff; aber es liebkoste ihn so ungebärdig und zappelte wie ein Fisch, dass es im ziehenden Wasser keinen Stand halten konnte. Es strebte, Gesicht und Hände ins Wasser zu tauchen, und rief: „Ich will auch das kühle Wasser versuchen! Weißt du noch, wie kalt und nass unsere Hände waren, als wir sie uns zum ersten Mal gaben? Fische fingen wir damals, jetzt werden wir selber Fische sein, und zwei schöne große!" –

„Sei ruhig, du lieber Teufel!", sagte Sali, der Mühe hatte, zwischen dem tobenden Liebchen und den Wellen sich aufrecht zu halten, „es zieht mich sonst fort!" Er hob seine Last in das Schiff und schwang sich nach; er hob sie auf die hochgebettete weiche und duftende Ladung und schwang sich auch hinauf, und als sie oben saßen, trieb das Schiff allmählich in die Mitte des Stromes hinaus und schwamm dann, sich langsam drehend, zu Tal.

Der Fluss zog bald durch dunkle Wälder, die ihn überschatteten, bald durch offenes Land, bald an stillen Dörfern vorbei, bald an einzelnen Hütten; hier geriet er in eine Stille, dass er einem ruhigen See glich und das Schiff beinahe stillhielt, dort strömte er um Felsen und ließ die schlafenden Ufer schnell hinter sich; und als die Morgenröte aufstieg, tauchte zugleich eine Stadt mit ihren Türmen aus dem silbergrauen Strome. Der untergehende Mond, rot wie Gold, legte eine glänzende Bahn den Strom hinauf und auf dieser kam das Schiff langsam überquer gefahren. Als es sich der Stadt näherte, glitten im Froste des Herbstmorgens zwei bleiche Gestalten, die sich fest umwanden, von der dunklen Masse herunter in die kalten Fluten.

Das Schiff legte sich eine Weile nachher unbeschädigt an eine Brücke und blieb da stehen. Als man später unterhalb der Stadt die Leichen fand und ihre Herkunft ausgemittelt hatte, war in den Zeitungen zu lesen, zwei junge Leute, die Kinder zweier blutarmer zu Grunde gegangener Familien, welche in unversöhnlicher Feindschaft lebten, hätten im Wasser den Tod gesucht, nachdem sie einen ganzen Nachmittag lang herzlich miteinander getanzt und sich belustigt auf einer Kirchweih. Es sei dies Ereignis vermutlich in Verbindung zu bringen mit einem Heuschiff aus jener Gegend, welches ohne Schiffleute in der Stadt gelandet sei, und man nehme an, die jungen Leute haben das Schiff entwendet, um darauf ihre verzweifelte und gottverlassene Hochzeit zu halten, abermals ein Zeichen von der um sich greifenden Entsittlichung und Verwilderung der Leidenschaften.

6 *Fasse den Inhalt des Textauszugs auf S. 73–74 (Schluss der Novelle) mit eigenen Worten zusammen und stelle einen Zusammenhang zum Textauszug von S. 71 her: Wie hat sich der dort angelegte Konflikt zugespitzt?*

7 *a) Unterstreiche Textstellen* **grün**, *die Hinweise auf die Denkweise und das Verhalten der beiden Liebenden geben.*
b) Unterstreiche Passagen **blau**, *die eine Schilderung der Natur enthalten.*
c) Unterschlängele Textstellen **lila**, *welche den Liebestod darstellen.*
d) Erarbeite den Zusammenhang zwischen der Schilderung der Natur und der Darstellung der Liebesbeziehung. Stelle deine Ergebnisse in Form einer Tabelle nach folgendem Muster dar. Schreibe in dein Heft.
e) Beschreibe die Wirkung dieser Darstellung.

Naturschilderung	Darstellung der Liebesbeziehung
Zeile: ...	...

8 *a) Markiere im Text die Dingsymbole (▷ S. 71) der Novelle.*
b) Beschreibe im Heft ihre Funktion.

9 *In einem erzählenden Text spielen die Merkmale des Erzählens (▷ Erzählform, -verhalten etc., S. 66) eine wesentliche Rolle. Untersuche dazu folgende Textausschnitte genauer und halte deine Ergebnisse schriftlich fest.*

Zeile 19–37: Sali liebte gewiss ebenso stark – ohne den Befehl eines Willens.

Zeile 61–68: denn ihre Leidenschaft – letzte Habe verzehrt.

10 *Der Schluss der Novelle ist in indirekter Rede wiedergegeben. Formuliere eine mögliche Begründung dafür.*

☆ **11** *Keller schrieb seine Novelle nach einer tatsächlichen Begebenheit, die er aus der Zeitung erfuhr.*
a) Schreibe einen Zeitungsbericht, der als Quelle für die Geschichte hätte dienen können.
b) Schreibe einen Kommentar, in dem das Ereignis reflektiert wird.

Dramenszenen untersuchen

Das **Drama** gehört neben der erzählenden Literatur (Epik) und Lyrik zu den drei literarischen Großgattungen. Die Handlung des Dramas erschließt sich aus **Dialogen** (Rede und Gegenrede der Figuren) und **Monologen** (Selbstgespräch der Figur).
In der Regel ist eine Theateraufführung Ziel jedes Dramas. Neben dem Sprechtext sind daher auch die **Regieanweisungen** von Bedeutung. Sie geben Regisseuren und Schauspielern Anweisungen, wie ein Stück zu spielen ist. Beim Lesen helfen sie, sich die Figuren und das Geschehen vorzustellen.
Die Dramenhandlung wird in größere Abschnitte gegliedert, die als **Akt** oder Aufzug bezeichnet werden, kleinere Gliederungseinheiten heißen **Szene**, Auftritt oder Bild.
Den Kern der Handlung auf der Bühne bildet der **dramatische Konflikt**, meist eine Auseinandersetzung oder ein Streit.

Exposition: Inhalt und Aufbau des Stückes klären
Die **Exposition** ist die Eingangsszene eines Stückes. Hier werden die **Hauptfiguren** vorgestellt und in **Ort**, **Zeit** und Atmosphäre des Stückes eingeführt. Manchmal wird auch die Vorgeschichte der Handlung vorgestellt.

Bertolt Brecht (geb. 1898 in Augsburg – gest. 1956 in Berlin/Ost) studierte in München (vorwiegend Medizin). Er siedelte 1924 nach Berlin um, floh 1933 vor den Nationalsozialisten über mehrere Stationen nach Kalifornien und kehrte 1948 über Zürich nach Berlin zurück. Seine zentralen Werke entstanden im Exil. Brecht ist einer der wichtigsten Dramatiker des 20. Jahrhunderts.
Das Drama „Mutter Courage und ihre Kinder“ wurde 1939 geschrieben und im Jahr 1941 in Zürich uraufgeführt. Mit ihren beiden Söhnen, dem mutigen Eilif, dem ehrlichen Schweizerkas und mit der stummen Tochter Kattrin zieht die Marketenderin Anna Fierling, genannt Mutter Courage, durch die Lande. Sie will ihre Kinder durchbringen, aber auch am Krieg verdienen.

1 *Lies den folgenden Auszug der Exposition (Anfangsszene) von „Mutter Courage und ihre Kinder“ sorgfältig durch.*

Bertolt Brecht

Mutter Courage und ihre Kinder (1)

Eine Chronik aus dem Dreißigjährigen Krieg

1. Szene (Auszug)

Frühjahr 1624. Der Feldhauptmann Oxenstjerna[1] wirbt in Dalarne[2] Truppen für den Feldzug in Polen[3]. Der Marketenderin[4] Anna Fierling, bekannt unter dem Namen Mutter Courage, kommt ein Sohn abhanden.

Landstraße in Stadtnähe. Ein Feldwebel und ein Werber stehen frierend.

Der Werber: Wie soll man sich hier eine Mannschaft zusammenlesen? Feldwebel, ich denk schon mitunter an Selbstmord. Bis zum Zwölften soll ich dem Feldhauptmann vier Fähnlein[5] hinstelln, und die Leute hier herum sind so voll Bosheit, daß ich keine Nacht mehr schlaf. Hab ich endlich einen aufgetrieben, und schon durch die Finger gesehn und mich nix wissen gemacht, daß er eine Hühnerbrust hat und Krampfadern, ich hab ihn glücklich besoffen, er hat schon unterschrieben, ich zahl nur noch den Schnaps, er tritt aus, ich hinterher zur Tür, weil mir was schwant: Richtig, weg ist er, wie die Laus unterm Kratzen. Da gibt es kein Manneswort, kein Treu und Glauben, kein Ehrgefühl. Ich hab hier mein Vertrauen in die Menschheit verloren, Feldwebel.

Der Feldwebel: Man merkts, hier ist zu lang kein Krieg gewesen. Wo soll da die Moral herkommen, frag ich? Frieden, das ist nur Schlamperei, erst der Krieg schafft Ordnung. Die Menschheit schießt ins Kraut im Frieden. Mit Mensch und Vieh wird herumgesaut, als wärs gar nix. Jeder frißt, was er will, einen Ranken[6] Käs aufs Weißbrot und dann noch eine Scheibe Speck auf den Käs. Wie viele junge Leut und gute Gäul diese Stadt da vorn hat, weiß kein Mensch, es ist niemals gezählt worden. Ich bin in Gegenden gekommen, wo kein Krieg war vielleicht siebzig Jahr, da hatten die Leut überhaupt noch keine Namen, die kannten sich selber nicht. Nur wo Krieg ist, gibts ordentliche Listen und Registraturen, kommt das Schuhzeug in Ballen und das Korn in Säck, wird Mensch und Vieh sauber gezählt und weggebracht, weil man eben weiß: Ohne Ordnung kein Krieg!

Der Werber: Wie richtig das ist!

Der Feldwebel: Wie alles Gute ist auch der Krieg am Anfang halt schwer zu machen. Wenn er erst dann floriert, ist er auch zäh; dann schrecken die Leut zurück vorm Frieden wie die Würfler vorm Aufhören, weil dann müssens zählen, was sie verloren haben. Aber zuerst schreckens zurück vorm Krieg. Er ist ihnen was Neues.

Der Werber: Du, da kommt ein Planwagen. Zwei Weiber und zwei junge Burschen. Halt die Alte auf, Feldwebel. Wenn das wieder nix ist, stell ich mich nicht weiter in den Aprilwind, das sag ich dir.

1 **Oxenstjerna:** Alex Graf O. (1583–1654), schwed. Reichskanzler, an den schwed. Feldzügen gegen Polen beteiligt
2 **Dalarne:** Landschaft um den Siljanssee nordwestl. von Stockholm
3 **Feldzug in Polen**: 1621–1629
4 **Marketenderin:** fahrende Händlerin
5 **Fähnlein:** Unterformation eines Landsknechtsregiments, ein Fähnlein umfasste 400 Landsknechte (zu Fuß kämpfende Söldner)
6 **Ranken:** unförmiges Stück

2 *Fasse die beschriebene Situation kurz zusammen.*

3 *a) Markiere die Textstellen, in denen die beiden Figuren „Werber" und „Feldwebel" Aussagen über Krieg und Frieden machen: Was geschieht im Krieg, wie verstehen sie den Krieg, welche Auswirkungen erwarten sie vom Krieg?*
b) Notiere Schlüsselworte in der Randspalte.
c) Ordne die Aussagen des Werbers und des Feldwebels in die Tabelle ein.

Krieg	**Frieden**
Moral	
	Schlamperei
Sparsamkeit	
	Menschheit schießt ins Kraut

d) Bewerte die Aussagen abschließend in deinem Heft: Wie wird in diesem Eingangsdialog der Krieg dargestellt?

Bertolt Brecht

Mutter Courage und ihre Kinder (2)

Man hört eine Maultrommel. Von zwei jungen Burschen gezogen, rollt ein Planwagen heran. Auf ihm sitzen Mutter Courage und ihre stumme Tochter Kattrin.

MUTTER COURAGE: Guten Morgen, Herr Feldwebel!

DER FELDWEBEL *sich in den Weg stellend*: Guten Morgen, ihr Leut! Wer seid ihr? [...]

DER JÜNGERE SOHN: Das ist doch die Mutter Courage!

DER FELDWEBEL: Nie von ihr gehört! Warum heißt sie Courage?

MUTTER COURAGE: Courage heiß ich, weil ich den Ruin gefürchtet hab, Feldwebel, und bin durch das Geschützfeuer von Riga[7] gefahrn mit fünfzig Brotlaib im Wagen. Sie waren schon angeschimmelt, es war höchste Zeit, ich hab keine Wahl gehabt.

DER FELDWEBEL: Keine Witze, du. Wo sind die Papiere!

MUTTER COURAGE *aus einer Zinnbüchse einen Haufen Papiere kramend und herunterkletternd:* Das sind alle meine Papiere, Feldwebel. Da ist ein ganzes Meßbuch dabei, aus Altötting, zum Einschlagen von Gurken, und eine Landkarte von Mähren[8], weiß Gott, ob ich je dahinkomm, sonst ist sie für die Katz, und hier stehts besiegelt, daß mein Schimmel nicht die Maul- und Klauenseuch hat; leider ist er uns umgestanden[9], er hat fünfzehn Gulden gekostet, aber nicht mich, Gott sei Dank. Ist das genug Papier?

DER FELDWEBEL: Willst du mich auf den Arm nehmen? Ich werd dir deine Frechheit austreiben. Du weißt, daß du eine Lizenz haben mußt.

MUTTER COURAGE: Reden Sie anständig mit mir und erzählen Sie nicht meinen halbwüchsigen Kindern, daß ich Sie auf den Arm nehmen will, das gehört sich nicht, ich hab nix mit Ihnen. Meine Lizenz beim Zweiten Regiment ist mein anständiges Gesicht, und wenn Sie es nicht lesen können, kann ich nicht helfen. Einen Stempel laß ich mir nicht draufsetzen.

DER WERBER: Feldwebel, ich spür einen unbotmäßigen Geist heraus bei der Person. Im Lager da brauchen wir Zucht.

MUTTER COURAGE: Ich dacht Würst.

DER FELDWEBEL: Name.

MUTTER COURAGE: Anna Fierling.

DER FELDWEBEL: Also, dann heißts ihr alle Fierling?

MUTTER COURAGE: Wieso? Ich heiß Fierling. Die nicht.

DER FELDWEBEL: Ich denk, das sind alles Kinder von dir?

MUTTER COURAGE: Sind auch, aber heißen sie deshalb alle gleich? *Auf den älteren Sohn deutend.* Der zum Beispiel heißt Eilif Nojocki, warum, sein Vater hat immer behauptet, er heißt Kojocki oder Mojocki. Der Junge hat ihn noch gut im Gedächtnis, nur, das war ein anderer, den er im Gedächtnis hat, ein Franzos mit einem Spitzbart. Aber sonst hat er vom Vater die Intelligenz geerbt; der konnt einem Bauern die Hos vom Hintern wegziehen, ohne daß der was gemerkt hat. Und so hat eben jedes von uns einen Namen.

DER FELDWEBEL: Was, jedes einen anderen?

MUTTER COURAGE: Sie tun grad, als ob Sie das nicht kennten.

DER FELDWEBEL: Dann ist der wohl ein Chineser? *Auf den Jüngeren deutend.* [...] *Schweizerkas nickt strahlend, auch die stumme Kattrin amüsiert sich.*

DER FELDWEBEL: Wie kann er da Fejos heißen?

MUTTER COURAGE: Ich will Sie nicht beleidigen, aber Phantasie haben Sie nicht viel. Er heißt natürlich Fejos, weil, als er kam, war ich mit einem Ungarn, dem wars gleich, er hatte schon den Nierenschwund, obwohl er nie einen Tropfen angerührt hat, ein sehr redlicher Mensch. Der Junge ist nach ihm geraten.

[7] **Geschützfeuer von Riga**: Die Hauptstadt von Livland wurde 1621 vom schwed. Heer erobert.

[8] **Mähren:** Landstrich in der Tschechischen Republik

[9] **umgestanden:** eingegangen

DER FELDWEBEL: Aber er war doch gar nicht der Vater?

MUTTER COURAGE: Aber nach ihm ist er geraten. Ich heiß ihn Schweizerkas, warum, er ist gut im Wagenziehn. *Auf ihre Tochter deutend.* Die heißt Kattrin Haupt, eine halbe Deutsche.

DER FELDWEBEL: Eine nette Familie, muß ich sagen. [...]

DER WERBER: Ihr solltet lieber Jakob Ochs und Esau Ochs[10] heißen, weil ihr doch den Wagen zieht. Aus dem Gespann kommt ihr wohl nie heraus?

EILIF: Mutter, darf ich ihm aufs Maul hauen? Ich möcht gern.

MUTTER COURAGE: Und ich untersags dir, du bleibst stehn. Und jetzt, meine Herren Offizier, brauchens nicht eine gute Pistolen oder eine Schnall, die Ihre ist schon abgewetzt, Herr Feldwebel.

FELDWEBEL: Ich brauch was anderes. Ich seh, die Burschen sind wie Birken gewachsen, runde Brustkästen, stämmige Haxen: warum drückt sich das vor dem Heeresdienst möchte ich wissen? [...]

DER WERBER: Du kannst dir die Schnalle ja wenigstens anschauen, Feldwebel. Die guten Leut leben vom Geschäft, nicht? He, ihr, der Feldwebel will die Schnalle kaufen!

MUTTER COURAGE: Einen halben Gulden. Wert ist so eine Schnall zwei Gulden. *Sie klettert wieder vom Wagen.*

DER FELDWEBEL: Sie ist nicht neu. Da ist so ein Wind, ich muß die in Ruh studieren. *Er geht mit der Schnalle hinter den Wagen.*

MUTTER COURAGE: Ich finds nicht zugig.

DER FELDWEBEL: Vielleicht ist sie einen halben Gulden wert, es ist Silber.

MUTTER COURAGE *geht zu ihm hinter den Wagen:* Es sind solide sechs Unzen.

DER WERBER *zu Eilif:* Und dann heben wir einen unter Männern. Ich hab Handgeld[11] bei mir, komm.

Eilif steht unschlüssig. [...]

DER WERBER *hat Eilif unter den Arm genommen und zieht ihn nach hinten mit sich fort:* Zehn Gulden auf die Hand, und ein mutiger Mensch bist du und kämpfst für den König, und die Weiber reißen sich um dich. [...] *Beide ab.*

Die stumme Kattrin springt vom Wagen und stößt rauhe Laute aus.

MUTTER COURAGE: Gleich, Kattrin, gleich. Der Herr Feldwebel zahlt noch. *Beißt in den halben Gulden.* Ich bin mißtrauisch gegen jedes Geld. Ich bin ein gebranntes Kind, Feldwebel. Aber die Münz ist gut. Und jetzt fahrn wir weiter. Wo ist der Eilif?

SCHWEIZERKAS: Der ist mitm Werber weg.

MUTTER COURAGE *steht ganz still, dann:* Du einfältiger Mensch. *Zu Kattrin:* Ich weiß, du kannst nicht reden, du bist unschuldig.

DER FELDWEBEL: Kannst selber einen Schluck nehmen, Mutter. So geht es eben. Soldat ist nicht das Schlechteste. Du willst vom Krieg leben, aber dich und die Deinen willst du draußen halten, wie?

MUTTER COURAGE: Jetzt mußt du mit deinem Bruder ziehn, Kattrin. *Die beiden, Bruder und Schwester, spannen sich vor den Wagen und ziehen an. Mutter Courage geht nebenher. Der Wagen rollt weiter.*

DER FELDWEBEL *nachblickend:* Will vom Krieg leben, wird ihm wohl müssen auch was geben.

10 **Jakob Ochs und Esau Ochs**: Esau und Jakob hießen die verfeindeten Zwillinge des alttestamentarischen Patriarchen Isaak und seiner Frau Rebecca (1. Mos. 25,20–34).

11 **Handgeld:** Werbungsgeld für die Söldner

4 a) *Unterstreiche im Text die Stellen, an denen deutlich wird, welche Interessen Feldwebel und Werber haben, und unterstreiche in einer anderen Farbe die Passagen, die die Interessen der Mutter Courage behandeln.*

b) *Beschreibe den zentralen dramatischen Konflikt in deinem Heft.*

c) *Fasse in deinem Heft mit eigenen Worten zusammen, wie die Situation aufgelöst wird.*

!

Figuren charakterisieren

Über die Figuren in einem Drama wird man in vielfältiger Weise informiert:

- durch Aussagen anderer Figuren (**direkte Charakterisierung**), die sich jedoch selten neutral, sondern aus ihrer Sichtweise heraus äußern;
- durch das Verhalten und die Äußerungen der Figur selbst, aus denen man Rückschlüsse über ihren Charakter und ihre Absichten ziehen kann (**indirekte Charakterisierung**);
- durch den Nebentext und die Regieanweisungen.

Mit Hilfe dieser Informationen kann man eine literarische Figur in ihrem **Äußeren** und ihrem **Verhalten** wie auch in ihrer **Eigenart** und **Funktion innerhalb des Dramas** erfassen und charakterisieren.

5 *Anna Fierling erklärt dem Feldwebel, warum sie „Mutter Courage" genannt wird. Erkläre in eigenen Worten, wie der Name entstanden ist.*

6 *Was erfährst du in der ersten Szene (Textauszug S. 78–79) über die Figur Mutter Courage?*

*a) Markiere mit **gelbem** Textmarker, was sie über sich selbst mitteilt.*

*b) Markiere mit **grünem** Textmarker, was du von den anderen Figuren über sie erfährst.*

c) Charakterisiere die Mutter Courage in wenigen Sätzen.

7 *Wären andere Verhaltensweisen und Handlungsmotive für die Figur Mutter Courage denkbar als die im Dramenauszug dargestellten? Entwickle eine Alternative.*

Bertolt Brecht

Mutter Courage und ihre Kinder (3)

3. Szene (Auszug)

Man hört von hinten Stimmen. Die beiden Männer bringen Schweizerkas.

SCHWEIZERKAS: Laßt mich los. Ich hab nix bei mir. Verrenkt mir nicht das Schulterblatt, ich bin unschuldig.

DER FELDWEBEL: Der gehört hierher. Ihr kennt euch.

MUTTER COURAGE: Wir? Woher?

SCHWEIZERKAS: Ich kenn sie nicht. Wer weiß, wer das ist, ich hab nix mit ihnen zu schaffen. Ich hab hier ein Mittag gekauft, zehn Heller hats gekostet. Mag sein, daß ihr mich da sitzen gesehn habt, versalzen wars auch.

DER FELDWEBEL: Wer seid ihr, he?

MUTTER COURAGE: Wir sind ordentliche Leut. Das ist wahr, er hat hier ein Essen gekauft. Es war ihm zu versalzen.

DER FELDWEBEL: Wollt ihr etwa tun, als kennt ihr ihn nicht?

MUTTER COURAGE: Wie sollt ich ihn kennen? Ich kenn nicht alle. Ich frag keinen, wie er heißt und ob er ein Heid ist; wenn er zahlt, ist er kein Heid. Bist du ein Heid?

SCHWEIZERKAS: Gar nicht. [...]

MUTTER COURAGE *kommt aufgeregt:* Es ist auf Leben und Tod. Aber der Feldwebel soll mit sich sprechen lassen. Nur, wir dürfen nicht aufkommen lassen, daß er unser Schweizerkas ist, sonst haben wir ihn begünstigt. Es ist nur eine Geldsach. Aber wo nehmen wir das Geld her? War die Yvette nicht da? Ich hab sie unterwegs getroffen. Sie hat schon einen Obristen[12] aufgegabelt, vielleicht kauft ihr der einen Marketenderhandel.

DER FELDPREDIGER: Wollen Sie wirklich verkaufen?

MUTTER COURAGE: Woher soll ich das Geld für den Feldwebel nehmen?

DER FELDPREDIGER: Und wovon wollens leben?

MUTTER COURAGE: Das ist es.

Yvette Pottier kommt mit einem uralten Obristen.

YVETTE *umarmt Mutter Courage:* Liebe Courage, daß wir uns so schnell wiedersehen! *Flüsternd:* Er ist nicht abgeneigt. *Laut.* Das ist ein guter Freund, der mich berät im Geschäftlichen. Ich hör nämlich zufällig, Sie wollen Ihren Wagen verkaufen, umständehalber. Ich würd reflektieren.

MUTTER COURAGE: Verpfänden, nicht verkaufen, nur nix Vorschnelles, so ein Wagen kauft sich nicht leicht wieder in Kriegszeiten.

YVETTE *enttäuscht:* Nur verpfänden, ich dacht verkaufen. Ich weiß nicht, ob ich da Interesse hab. *Zum Obristen:* Was meinst du?

DER OBRIST: Ganz deiner Meinung, meine Liebe.

MUTTER COURAGE: Er wird nur verpfändet.

YVETTE: Ich dachte, Sie müssen das Geld haben.

MUTTER COURAGE *fest:* Ich muß das Geld haben, aber lieber lauf ich mir die Füß in den Leib nach einem Angebot, als daß ich gleich verkauf. Warum, wir leben von dem Wagen. Es ist eine Gelegenheit für dich Yvette. [...]

YVETTE *kommt schnaufend:* Sie wollens nur machen für zweihundert. Und es muß schnell gehen. Sie habens nimmer lang in der Hand. [...] Er hat gestanden, daß er die Schatull gehabt hat, sie haben ihm die Daumenschrauben angelegt. Aber er hat sie in den Fluß geschmissen, wie er gemerkt hat, daß sie hinter ihm her sind. Die Schatull ist futsch. Soll ich laufen und von meinem Obristen das Geld holen?

MUTTER COURAGE: Die Schatull ist futsch? Wie soll ich da meine zweihundert wiederkriegen?

YVETTE: Ach, Sie haben geglaubt, Sie könnten Sie aus der Schatull nehmen? Da wär ich ja schön hereingelegt worden. Machen Sie sich keine Hoffnung. Sie müssen schon zahlen, wenn Sie den Schweizerkas zurückhaben wolln, oder vielleicht soll ich jetzt die ganze Sach liegenlassen, damit Sie Ihren Wagen behalten können?

MUTTER COURAGE: Damit hab ich nicht gerechnet. Du brauchst nicht zu drängen, du kommst schon zum Wagen, er

[12] **Obrist:** Oberst

ist schon weg, ich hab ihn siebzehn Jahr gehabt. Ich muß nur einen Augenblick überlegen. Es kommt ein bissel schnell, was mach ich, zweihundert kann ich nicht geben, du hättest doch abhandeln solln. Etwas muß ich in der Hand haben, sonst kann mich jeder Beliebige in den Straßengraben schubsen. Geh und sag, ich geb hundertzwanzig Gulden, sonst wird nix draus, da verlier ich auch schon den Wagen.

Yvette: Sie werdens nicht machen. Der Einäugige ist sowieso in Eil und schaut immer hinter sich, so aufgeregt ist er. Soll ich nicht lieber die ganzen zweihundert geben?

Mutter Courage *verzweifelt:* Ich kanns nicht geben. Dreißig Jahr hab ich gearbeitet. Die ist schon fünfundzwanzig und hat noch keinen Mann. Ich hab die auch noch. Dring nicht in mich, ich weiß, was ich tu. Sag hundertzwanzig oder es wird nix draus.

Yvette: Sie müssens wissen. *Schnell ab.*

[...]

Yvette *kommt gelaufen:* Sie machens nicht. Ich hab Sie gewarnt. Der Einäugige hat gleich weggehn wolln, weil es keinen Wert hat. Er hat gesagt, er erwartet jeden Augenblick, daß die Trommeln gerührt werden, dann ist das Urteil gesprochen. Ich hab hundertfünfzig geboten. Er hat nicht mal mit den Achseln gezuckt. Mit Müh und Not ist er dageblieben, daß ich noch einmal mit Ihnen sprech.

Mutter Courage: Sag ihm, ich geb die zweihundert. Lauf. *Yvette läuft weg. Sie sitzen schweigend. Der Feldprediger hat aufgehört, die Gläser zu putzen. Von weither hört man Trommeln.* Mir scheint, ich hab zu lang gehandelt.

Der Feldprediger steht auf und geht nach hinten. Mutter Courage bleibt sitzen. Es wird dunkel. Das Trommeln hört auf. Es wird wieder hell. Mutter Courage sitzt unverändert.

Yvette *taucht auf, sehr bleich:* Jetzt haben Sies geschafft mitn Handel und daß Sie Ihren Wagen behalten. Elf Kugeln hat er gekriegt, sonst nix. Sie verdienens nicht, daß ich mich überhaupt noch um Sie kümmer. Aber ich hab aufgeschnappt, daß sie nicht glauben, die Kass ist wirklich im Fluß. Sie haben einen Verdacht, sie ist hier, überhaupt, daß Sie eine Verbindung mit ihm gehabt haben. [...]

Zwei Landsknechte kommen mit einer Bahre, auf der unter einem Laken etwas liegt. Nebenher geht der Feldwebel. Sie setzen die Bahre nieder.

Der Feldwebel: Da ist einer, von dem wir nicht seinen Namen wissen. Er muß aber notiert werden, daß alles in Ordnung geht. Bei dir hat er eine Mahlzeit genommen. Schau ihn dir an, ob du ihn kennst. *Er nimmt das Laken weg.* Kennst du ihn? *Mutter Courage schüttelt den Kopf.*[13] Was, du hast ihn nie gesehn, bevor er bei dir eine Mahlzeit genommen hat? *Mutter Courage schüttelt den Kopf.* Hebt ihn auf. Gebt ihn auf den Schinderanger[14]. Er hat keinen, der ihn kennt. *Sie tragen ihn weg.*

13 **... schüttelt den Kopf**: Anspielung auf die Verleugnung Jesu durch Petrus, die Jesus beim Abendmahl voraussagt (Matt 26,34; 26, 69–75)

14 **Schinderanger:** Abdeckplatz für tote Tiere

8 *Wie verhält sich Mutter Courage, um ihren Sohn Schweizerkas vor dem Tod zu bewahren? Skizziere die sieben wichtigsten Stationen dieses Rettungsversuchs und suche dazu jeweils ein aussagekräftiges Zitat.*

Das Verhalten der Mutter Courage als Mutter und Händlerin

Verhalten	Zitat
1. Verleugnet den Sohn bei der Festnahme	„Wie sollt ich ihn kennen?" (Z. 21–22)

9 *Bewerte das Verhalten der Mutter Courage. Schreibe in dein Heft, verwende geeignete Adjektive und Partizipien.*

!

Inhalt und Aufbau einer Szene erschließen

Bei der Erschließung von Inhalt und Aufbau einer Dramenszene helfen folgende Leitfragen:

- Wovon handelt die Szene?
- Was sind wichtige Abschnitte (Handlungsschritte)?
- Was ist das Thema?

Bertolt Brecht

Mutter Courage und ihre Kinder (4)

5. Szene (Auszug)

ZWEI JAHRE SIND VERGANGEN. DER KRIEG ÜBERZIEHT IMMER WEITERE GEBIETE. AUF RASTLOSEN FAHRTEN DURCHQUERT DER KLEINE WAGEN DER COURAGE POLEN, MÄHREN, BAYERN, ITALIEN UND WIEDER BAYERN. 1631. TILLYS SIEG BEI MAGDEBURG[15] KOSTET MUTTER COURAGE VIER OFFIZIERSHEMDEN.

Mutter Courages Wagen steht in einem zerschossenen Dorf. Von weit her dünne Militärmusik. Zwei Soldaten am Schanktisch, von Kattrin und Mutter Courage bedient. Der eine hat einen Damenpelzmantel umgehängt.

MUTTER COURAGE: Was, zahlen kannst du nicht? Kein Geld, kein Schnaps. Siegermärsche spielen sie auf, aber den Sold zahlen sie nicht aus.

SOLDAT: Meinen Schnaps will ich. Ich bin zu spät zum Plündern gekommen. Der Feldhauptmann hat uns beschissen und die Stadt nur eine Stunde zum Plündern freigegeben. Er ist kein Unmensch, hat er gesagt, die Stadt muß ihm was gezahlt haben.

DER FELDPREDIGER *kommt gestolpert:* In dem Hof da liegen noch welche. Die Bauernfamilie. Hilf mir einer. Ich brauch Leinen.

Der zweite Soldat geht weg mit ihm. Kattrin gerät in große Erregung und versucht ihre Mutter zur Herausgabe von Leinen zu bringen.

MUTTER COURAGE: Ich hab keins. Meine Binden hab ich ausverkauft beim Regiment. Ich zerreiß für die nicht meine Offiziershemden.

DER FELDPREDIGER *zurückrufend:* Ich brauch Leinen, sag ich.

MUTTER COURAGE: *Kattrin den Eintritt in den Wagen verwehrend, indem sie sich auf die Treppe setzt:* Ich geb nix. Die zahlen nicht, warum, die haben nix.

DER FELDPREDIGER *über eine Frau, die er hergetragen hat:* Warum seid ihr dageblieben im Geschützfeuer?

DIE BAUERSFRAU *schwach:* Hof.

MUTTER COURAGE: Die und weggehen von was! Aber jetzt soll ich herhalten. Ich tus nicht.

ERSTER SOLDAT: Das sind Evangelische. Warum müssen sie evangelisch sein?

MUTTER COURAGE: Die pfeifen auf den Glauben, denen ist der Hof hin.

ZWEITER SOLDAT: Die sind gar nicht evangelisch. Die sind selber katholisch.

ERSTER SOLDAT: Wir können sie nicht herausklauben bei der Beschießung.

EIN BAUER *den der Feldprediger bringt:* Mein Arm ist hin.

DER FELDPREDIGER: Wo ist das Leinen?

Alle sehen auf Mutter Courage, die sich nicht rührt.

MUTTER COURAGE: Ich kann nix geben. Mit all die Abgaben Zöll, Zins und Bestechungsgelder! *Kattrin hebt Gurgellaute ausstoßend eine Holzplanke auf und bedroht ihre Mutter damit.* Bist du übergeschnappt? Leg das Brett weg, sonst schmier ich dir eine, Krampen[16]! Ich gib nix, ich mag nicht, ich muß an mich selber denken. *Der Feldprediger hebt sie von der Wagentreppe auf und setzt sie auf den Boden; dann kramt er Hemden heraus und reißt sie in Streifen.* Meine Hemden! Das Stück einen halben Gulden! Ich bin ruiniert.

15 **Tilly vor Magdeburg**: Graf Tilly, Oberbefehlshaber der (kath.) kaiserlichen Truppen, versuchte 1631 mit der Erstürmung Magdeburgs, ein weiteres Vordringen des (protest.) schwed. Heeres zu verhindern.

16 **Krampen:** Hacke, übertragen auf Knecht Ruprecht mit der Hacke

10 a) *Lies den Textauszug aus der 5. Szene.*
b) *Markiere die wesentlichen Handlungsschritte. Achte dabei genau auf die Regieanweisungen. Halte die Handlungsschritte in einer Übersicht (z. B. in einem Flussdiagramm) fest. Schreibe in dein Heft.*
c) *Schreibe einen inneren Monolog aus der Sicht Kattrins, in der diese das Verhalten ihrer Mutter bewertet und deren Handlungsmotive deutet.*

11 *Schreibe in einem Satz auf, was das Thema des Dramenauszugs ist.*

Gedichte erschließen und interpretieren

Ein Gedicht inhaltlich erschließen
Gedichte beschäftigen sich mit vielfältigen Themen, z. B. mit Liebe, Natur oder gesellschaftlichen Zuständen. Sie bringen dabei vor allem die **Stimmungen und Gefühle des Sprechers zum Ausdruck**. Oft ist das im Gedicht Gesagte nur symbolhaft zu verstehen und will auf etwas Allgemeines hinweisen. Deshalb muss man Gedichte **interpretieren** (lat.: auslegen, deuten).
Der erste Schritt zur Interpretation eines Gedichtes ist die **inhaltliche Erschließung**:
- Zu jedem Gedicht gehört ein **Sprecher**, der nicht mit dem Autor gleichzusetzen ist. Oft stellt er sich als Ich vor, das seine Gefühle, Beobachtungen und Gedanken so mitteilt, dass Leser sie nachempfinden können. Erschließe den Gedankengang des **lyrischen Ichs**.
- Fasse zusammen, welches übergeordnete **Thema** behandelt wird und welche Fragen sich dir als Leser stellen.

Annette von Droste-Hülshoff (1797–1848) gilt als die bedeutendste Dichterin der deutschen Literatur des 19. Jahrhunderts. Sie gehörte einem alten westfälischen Adelsgeschlecht an. Als zeitlebens unverheiratete Frau musste sie sich stets den Entscheidungen der Familie beugen und konnte nur sehr begrenzt über ihr Leben bestimmen.

Annette von Droste-Hülshoff
Am Turme (1842)

Ich steh auf hohem Balkone am Turm,
Umstrichen vom schreienden Stare,
Und lass gleich einer Mänade[1] den Sturm
Mir wühlen im flatternden Haare;
O wilder Geselle, o toller Fant[2],
Ich möchte dich kräftig umschlingen,
Und, Sehne an Sehne, zwei Schritte vom Rand
Auf Tod und Leben dann ringen!

Und drunten seh ich am Strand, so frisch
Wie spielende Doggen, die Wellen
Sich tummeln rings mit Geklaff und Gezisch,
Und glänzende Flocken schnellen.
O, springen möcht ich hinein alsbald,
Recht in die tobende Meute,
Und jagen durch den korallenen Wald
Das Walross, die lustige Beute!

Und drüben seh ich ein Wimpel wehn
So keck wie eine Standarte[3],
Seh auf und nieder den Kiel sich drehn
Von meiner luftigen Warte[4];
O, sitzen möcht' ich im kämpfenden Schiff,
Das Steuerruder ergreifen
Und zischend über das brandende Riff
Wie eine Seemöwe streifen.

Wär ich ein Jäger auf freier Flur,
Ein Stück nur von einem Soldaten,
Wär ich ein Mann doch mindestens nur,
So würde der Himmel mir raten;
Nun muss ich sitzen so fein und klar,
Gleich einem artigen Kinde,
Und darf nur heimlich lösen mein Haar
Und lassen es flattern im Winde.

[1] **Mänade:** verzückte Frau im Gefolge des Dionysos, des griechischen Gottes des Weins und der Ekstase
[2] **Fant:** verächtlich: unreifer, leichtfertiger Bursche
[3] **Standarte:** kleine Fahne
[4] **Warte:** Wachturm, Aussichtsturm.

1 *Beschreibe die Situation des lyrischen Ichs im Gedicht „Am Turme" von Annette von Droste-Hülshoff.*

Sie will auch Spaß haben aber ich glaub weil sie eine Frau ist kann sie nicht

2 *Fasse den gedanklichen Aufbau des Gedichtes in deinem Heft zusammen.*

3 *Formuliere knapp im Heft, welches Thema im Gedicht beispielhaft angesprochen wird.*

!

Ein Gedicht formal erschließen

- Um ein Gedicht interpretieren zu können, musst du auch die formalen Gestaltungsmittel erkennen und vor allem ihre **Bedeutung für die Textaussage** erschließen. Betrachte dazu:
- die Gliederung des Textes in **Strophen** und **Verse**, z. B. Regelmäßigkeit des Strophenbaus, Übereinstimmung von gedanklichem Aufbau und Stropheneinteilung;
- das **Metrum** (Versmaß: betonte und unbetonte Silbenzahl pro Vers), z. B. fünf betonte Silben = fünfhebiger Vers);
- den **Rhythmus**, beim Vortrag des Gedichts an Betonungen, Sprechpausen und Sprechtempo erkennbar;
- das **Reimschema** (z. B. Paarreim, umarmender Reim, Kreuzreim).

Die Gedichtform kann kunstvoll gestaltet sein oder es wird bewusst auf eine solche Gestaltung verzichtet. Der Dichter kann auf eine traditionelle **Gedichtform** (z. B. das Sonett) zurückgreifen, eine der traditionellen Gedichtformen variieren oder eine andere Form frei entwickeln.

4 *Beschreibe die Gliederung des Gedichtes „Am Turme" in Strophen und Verse.*

____

____

5 *Bestimme das Metrum für die erste Strophe des Gedichtes.*
a) Notiere dazu für jede unbetonte Silbe ein x und für jede betonte ein x́ auf die Zeile neben dem jeweiligen Vers.

Ich steh auf hohem Balkone am Turm,	x x́ x x́ x x x́ x x x́
Umstrichen vom schreienden Stare,	______________
Und lass gleich einer Mänade den Sturm	______________
Mir wühlen im flatternden Haare;	______________
O wilder Geselle, o toller Fant,	______________
Ich möchte dich kräftig umschlingen,	______________
Und, Sehne an Sehne, zwei Schritte vom Rand	______________
Auf Tod und Leben dann ringen!	______________

b) Beschreibe, welche Regelmäßigkeiten sich im Metrum zeigen.

____

____

6 *Lies die Strophe laut und unterstreiche die Wörter, die du besonders betonen willst. Beschreibe, in welchem Rhythmus sich das Gedicht lesen lässt (langsam, schnell, stockend ...).*

____

7 *Fasse in deinem Heft die Ergebnisse aus den Aufgaben 1–6 zusammen und zeige auf, wie Inhalt und Form einander in der ersten Strophe ergänzen.*

!

Die Sprache des Gedichts erschließen
Die Sprache von Gedichten ist durch ihre Syntax, aber auch oft durch Vergleiche, Bilder (Metaphern) oder weitere **rhetorische Figuren** geprägt. Sie sind besonders dazu geeignet, Gefühle und Stimmungen auszudrücken oder eine bestimmte Atmosphäre entstehen zu lassen. Bei der Erschließung der sprachlichen Mittel musst du daher immer auch ihre **Funktion im Gedicht** klären. Man unterscheidet zwischen:

- **bildhaften Figuren** (z. B. Personifikation, Metapher, Symbol, Allegorie und Vergleich) und
- **rhetorischen Figuren im engeren Sinne** (Besonderheiten des Satzbaus bzw. der Wortstellung und Wortfügung; lautmalerische Mittel).
- Außerdem solltest du die **Wortwahl** z. B. auf den Vokalbestand (dunkle Vokale: *a, o, u*; helle Vokale: *e, i*) hin befragen und die Wirkung, die von den verwendeten Adjektiven und Verben ausgeht, beachten.

Joseph von Eichendorff
Sehnsucht (1830/31)

Es schienen so golden die Sterne,
Am Fenster ich einsam stand
Und hörte aus weiter Ferne
Ein Posthorn im stillen Land.
Das Herz mir im Leib entbrennte,
Da hab ich mir heimlich gedacht:
Ach, wer da mitreisen könnte
In der prächtigen Sommernacht!

Zwei junge Gesellen gingen
Vorüber am Bergeshang,
Ich hörte im Wandern sie singen
Die stille Gegend entlang:
Von schwindelnden Felsenschlüften,
Wo die Wälder rauschen so sacht,
Von Quellen, die von den Klüften
Sich stürzen in die Waldesnacht.

Sie sangen von Marmorbildern,
Von Gärten, die überm Gestein
In dämmernden Lauben verwildern,
Palästen im Mondenschein,
Wo die Mädchen am Fenster lauschen,
Wann der Lauten Klang erwacht
Und die Brunnen verschlafen rauschen
In der prächtigen Sommernacht.

1 *Beschreibe kurz, wonach sich das lyrische Ich sehnt.*

___

___

2 *Beschreibe in deinem Heft den gedanklichen Aufbau des Gedichtes.*

3 *Benenne die sprachlichen Mittel der ersten Strophe und bestimme deren Funktion im Text (Wirkung, Aussage). Lege dem Beispiel folgend in deinem Heft eine Tabelle an und arbeite sie aus.*

Vers	Textstelle	Benennung	Funktion
1	Es schienen so golden ...	Inversion	Adjektiv hervorgehoben,
			sinnlicher Eindruck verstärkt
...	...	...	...

4 *Das Sehnsuchtsmotiv findet sich häufig in der Literatur der deutschen Romantik. Immer wieder weisen diese Texte dabei auf die Gefährdung des Menschen hin, die von seiner (oft nicht genauer bestimmten) Sehnsucht nach Freiheit ausgeht. Erkläre in eigenen Worten, dass dies auch bei dem vorliegenden Gedicht der Fall ist (Textstelle nennen).*

___

___

5 *Überlege, ob es auch heute Sehnsüchte gibt, deren Verwirklichung zur Gefahr für den Menschen werden kann. Schreibe dein Ergebnis in dein Heft.*

!

Ein Gedicht interpretieren
Ein Gedicht zu interpretieren heißt, dessen **Aussage- und Wirkungsabsicht zu deuten**. Dabei wird das vorläufige Textverständnis, das du bei der ersten **inhaltlichen Erschließung** gewonnen hast, durch die Ergebnisse der **Erschließung von Gedichtform und Stilmittel** erweitert, differenziert oder mitunter auch korrigiert.
Für ein angemessenes Textverständnis kann es zudem nötig sein, Fragen in die Interpretation mit einzubeziehen, die über den Text hinausgehen:

- Welche **gesellschaftlichen und historischen Bedingungen** herrschten zur Entstehungszeit des Gedichtes?
- Was waren die zu jener Zeit **gültigen literarischen Strömungen und Normen**?
- Bieten Kenntnisse über die **Lebensumstände des Autors** Hinweise für die Deutung des Textes?

Heinrich Heine
Mein Herz, mein Herz ist traurig (1823/24)

Mein Herz, mein Herz ist traurig,
Doch lustig leuchtet der Mai;
Ich stehe, gelehnt an der Linde,
Hoch auf der alten Bastei[1].

Da drunten fließt der blaue
Stadtgraben in stiller Ruh';
Ein Knabe fährt im Kahne,
Und angelt und pfeift dazu.

Jenseits erheben sich freundlich,
In winziger, bunter Gestalt,
Lusthäuser[2], und Gärten, und Menschen,
Und Ochsen, und Wiesen, und Wald.

Die Mägde bleichen Wäsche,
Und springen im Gras herum;
Das Mühlrad stäubt Diamanten,
Ich höre sein fernes Gesumm'.

Am alten grauen Turme
Ein Schilderhäuschen[3] steht;
Ein rotgeröckter Bursche
Dort auf und nieder geht.

Er spielt mit seiner Flinte,
Die funkelt im Sonnenrot,
Er präsentiert und schultert –
Ich wollt, er schösse mich tot.

[1] **Bastei**: vorspringender Teil an Festungsbauten
[2] **Lusthäuser**: hier: prächtige Häuser
[3] **Schilderhäuschen**: kleines Wachhaus

1 *Beschreibe in deinem Heft*
a) die Aussage des lyrischen Ichs und
b) den inhaltlichen Aufbau des Gedichtes.

2 *Formuliere im Heft eine erste These, wie der Text – vor allem die unerwartete Pointe am Schluss – zu deuten sein könnte.*

3 *Zur Zeit Heinrich Heines waren Stadtgräben nichts anderes als stinkende Gräben zur Entsorgung von Unrat und Abwässern. Die Nennung des „blaue[n] Stadtgraben[s]" in Strophe zwei kann also nur ironisch gemeint sein.*
a) Unterstreiche mindestens zwei weitere Textstellen, die Heines ironische Kritik an den Zuständen seiner Zeit zeigen.
b) Notiere in deinem Heft, mit welchen Stilmitteln diese Ironie entsteht oder verdeutlicht wird.

4 *Interpretiere stichpunktartig das Gedicht* ***Mein Herz, mein Herz ist traurig****. Beziehe die Hinweise aus dem Infokasten in deine Überlegungen mit ein und belege deine Annahmen mit konkreten Textstellen.*

▷ S. 3–7

Heinrich Heine (1797–1856)

- Liberales Elternhaus; Jurastudium; Vertreter der „Literatur des Jungen Deutschland".
- Übt beißende Kritik an gesellschaftlichen und politischen Umständen jener Zeit (Leid und Ausbeutung der unterdrückten Schichten, Machtmissbrauch der Fürsten, Zensur der Dichter und der Presse), fordert ein freiheitliches Deutschland.
- Lehnt zunehmend die romantisch-sentimentale Literatur ab (denn sie beschönigt die harten Zustände der Gegenwart).
- 1831 Emigration nach Frankreich; 1848–1856 schwere Krankheit; 1856 Tod im Pariser Exil.

Sachtexte analysieren und auswerten

!

Sachtexte informieren dich möglichst objektiv über ein Thema. Über die Wissensvermittlung hinaus ist es aber häufig das Ziel von Sachtexten, die Meinung des Lesers zu beeinflussen und ihn zu einem bestimmten Handeln zu bewegen. Bei der Analyse eines Sachtextes bieten sich folgende fünf Schritte an:

1. Sich einen **Überblick verschaffen** (Überschriften, Bilder, Grafiken beachten).
2. Text genau lesen und **Randbemerkungen machen**, eigene Fragen an den Text stellen.
3. **Unverstandenes klären**, eigene Fragen nach gründlicher Lektüre beantworten.
4. Den Text aktiv lesen, Abschnitt für Abschnitt **Wichtiges zusammenfassen**.
5. **Gesamtzusammenhang herstellen** und (wenn möglich) visualisieren, z. B. in einer Tabelle ordnen.

Bert Beyers

Ein nasser Kriegsgrund

Das Beispiel Jemen zeigt, dass Wasser noch vor Öl zur konfliktträchtigsten Ressource der Welt geworden ist.

An den Tankstellen im Jemen kam es zu heftigen Feuergefechten, als vor kurzem die Treibstoffpreise verdoppelt worden waren. Ein Liter Benzin kostet jetzt 60 Rial, das entspricht rund 30 Cent; Diesel kostet die Hälfte. Doch bei den Unruhen ging es nur vordergründig um Treibstoff. Der eigentliche Grund für die heftigen Auseinandersetzungen war eine andere Flüssigkeit: Wasser. Denn das lebensnotwendige Nass wird im Jemen mit Dieselpumpen gefördert.

Noch in den Sechzigerjahren des vergangenen Jahrhunderts gab es in der Hauptstadt Sanaa unzählige einfache Brunnen. Aus etwa 30 Metern Tiefe konnten die Bewohner ihr Wasser heraufholen. Seit dieser Zeit aber haben treibstoffbetriebene Pumpen den Grundwasserspiegel unter Sanaa auf 800 bis 1 000 Meter gesenkt. Sanaa ist in den vergangenen Jahrzehnten regelrecht explodiert. Um die Altstadt herum hat sich ein Kranz aus halbfertigen Betonbauten gelegt, ein chaotischer Verkehr tobt in der Zwei-Millionen-Metropole. Wahrzeichen der Stadt sind die Wassertanker, die die Menschen mit dem wichtigsten aller Lebensmittel versorgen.

Wasser für Lebensmittel und eine Volksdroge

Doch es ist nicht die Stadt, die den Boden leer säuft. Es sind die Plantagen in der Umgebung mit ihren Obst- und Gemüsefeldern. Jedes Jahr fällt der Wasserspiegel um weitere sechs bis acht Meter. Die Landwirtschaft verbraucht 90 Prozent des Wassers im Jemen, die Hälfte davon geht für die Volksdroge Qat drauf. Nachmittags kauen die Jemeniten gern auf den berauschenden Blättern des Qat-Baumes herum.

Über Jahrtausende lebten die Menschen im Jemen von regengespeister Landwirtschaft. Dann kamen die Dieselpumpen. Die Anbauflächen sind seitdem um das Zehnfache gewachsen. Wer hat die tiefsten Brunnen? Ein Rennen bis auf den Grund der wasserleitenden Schichten im Boden ist in vollem Gange. Viele Kleinbauern haben schon verloren. Sie mussten ihr Land verlassen.

Die Wasserkrise im Jemen ist brutal. Beim Kampf um neue Brunnen gehen die Anwohner immer wieder mit Schnellfeuergewehren aufeinander los. Die Regierung strampelt heftig – und stößt dabei an ihre Grenzen: Soll sie den Qat-Anbau verbieten? Hält der soziale Frieden das aus? Eine weitere Idee der jemenitischen Regierung besteht darin, neue Grundwasservorkommen in der Wüste zu erschließen. Dahinter steckt die ewig gleiche verheerende Psychologie: Grundwasserspiegel sieht man nicht; solange

Jemen: Erhöhung Ölpreis
Erhöhung Wasserpreis
Gefechte

oben noch etwas herauskommt, scheint die Welt in Ordnung. Doch wenn die Brunnen leerfallen, ist es längst zu spät.

Die Wasserkonflikte im Jemen – zwischen Großbauern und Kleinbauern, zwischen Stadt und Land – werfen ein grelles Licht auf andere Regionen mit größerer Bedeutung für die globalen Nahrungsmittelmärkte:

- Im Norden Chinas fallen die Grundwasserspiegel um 1,5 Meter pro Jahr – zu Lasten der Getreideernte.
- Das Gleiche gilt für Indien, insbesondere den Punjab, den Brotkorb der Nation.
- In den USA, einem der größten Getreideproduzenten der Welt, ist es vor allem der südliche Teil der Great Plains, wo die Bewässerungspumpen an die Substanz gehen.

Ein Mann erfrischt sich an einer Wasserstelle im Jemen. Oberflächlich scheint alles in Ordnung, doch der Grundwasserspiegel in dem Land ist inzwischen so niedrig, dass immer mehr Brunnen trockenfallen.

13 000 Liter für ein Kilo Fleisch

Der Mensch braucht mindestens zwei Liter Wasser pro Tag, um sämtliche Stoffwechselprozesse im Körper aufrechtzuerhalten. Bereits heute haben 1,2 Milliarden Menschen auf diesem Planeten keinen Zugang zu sauberem Trinkwasser. Die Nahrungsmittelproduktion aber hängt unmittelbar am Wasser: Für eine Tasse Kaffee werden insgesamt 140 Liter Wasser benötigt, für ein Kilogramm Brot 1 000, für ein Kilo Reis 5 000 und für ein Kilo Rindfleisch sogar 13 000 Liter. Bei steigender Weltbevölkerung muss die Produktion dramatisch gesteigert werden: um etwa 40 Prozent in den kommenden 25 Jahren, allerdings mit weniger Wassereinsatz als heute. Aller Voraussicht nach wird die Klimaveränderung die Wasserkrise weiter verschärfen.

Auch wenn viel Wasser in der Landwirtschaft benötigt wird: In traditionellen Bewässerungssystemen erreicht nur ein Bruchteil des zugeführten Wassers wirklich die Pflanzen. Moderne Bewässerungssysteme wären um ein Vielfaches wirkungsvoller. Würden sie im Jemen genutzt, müsste das Land sein Grundwasser nicht derart absenken. Teile des Jemen verfügen nämlich durchaus über ausreichend Niederschlag.

Der Mokka, wie er im 19. Jahrhundert in den europäischen Kaffeehäusern getrunken wurde, kam aus diesem Land. Mittlerweile gehen die Jemeniten wieder daran, die traditionellen Terrassenfelder für den Kaffeeanbau in Stand zu setzen. Doch ist es immer noch üblich, die Felder zu fluten, möglichst in der prallen Sonne. Weil Wasser sogar im Jemen noch zu billig ist, wird es vergeudet. Wer das Wasser verteuern will, muss vorsichtig sein. Eine drastische Anhebung des Preises, und sei es über den Umweg des Diesels, kann angesichts der knappen Versorgungslage Tote bedeuten.

Süddeutsche Zeitung, 14. 12. 2005

1. Schritt: Sich einen Überblick verschaffen

1 a) *Verschaffe dir einen groben Überblick über den Inhalt des Textes. Orientiere dich dabei an Gliederungsmerkmalen wie Überschriften, Zwischenüberschriften, Absätzen, Aufzählungspunkten, Fotos usw.*
b) *Lies jeweils den Anfang der ersten Abschnitte genau und überfliege den Rest.*
c) *Schreibe in einem Satz auf, worum es in diesem Sachtext geht.*

2. Schritt: Eigene Fragen an den Text formulieren

2 *Lies den gesamten Text und formuliere im Heft zwei Fragen, die sich dir nach der Lektüre des Textes stellen.*

3. Schritt: Unverstandenes klären und eigene Fragen beantworten

3 *Kläre dir unbekannte Wörter, indem du in einem Wörterbuch oder Lexikon nachschlägst.*

4 *Lies den gesamten Text erneut aufmerksam durch und überprüfe, ob er deine Fragen aus Aufgabe 2 beantworten kann.*

4. Schritt: Den Text aktiv lesen – Abschnitt für Abschnitt Wichtiges zusammenfassen

5 *Erarbeite den Inhalt des Textes Abschnitt für Abschnitt. Gehe dabei folgendermaßen vor:*
a) *Unterstreiche im Text alle Schlüsselwörter und Kernaussagen und teile den Text in Sinnabschnitte ein (z. B. im Text Trennlinien einfügen).*
b) *Notiere für jeden Sinnabschnitt eine kurze, stichpunktartige Zusammenfassung am Rand des Textes. Hier kannst du auch mit Symbolen und Abkürzungen arbeiten.*

5. Schritt: Gesamtzusammenhang herstellen und (wenn möglich) visualisieren

6 *Textinhalte lassen sich häufig in einem Diagramm, einer Tabelle oder einer Mind-Map visualisieren (bildlich darstellen). Übernimm das folgende Diagramm in dein Heft und vervollständige es.*

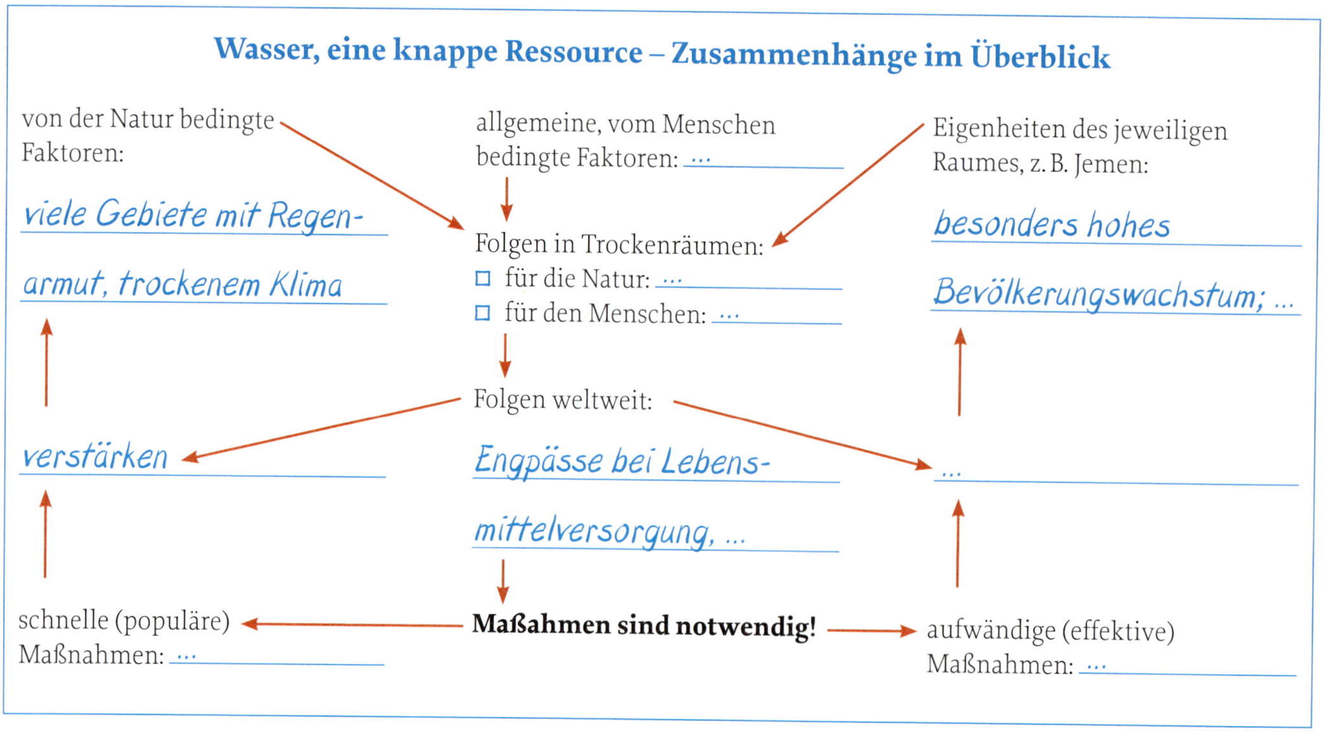

!

Diskontinuierliche Sachtexte analysieren
Zu den Sachtexten gehören neben den fortlaufenden, kontinuierlichen Texten auch eine Vielzahl so genannter diskontinuierlicher Texte wie Tabellen oder Grafiken (z. B. Säulendiagramme, Kartogramme).
Für die Analyse aller dieser Darstellungsarten bieten sich folgende Schritte an:
1. Art und Thema der Darstellung erfassen, Legende (Zeichenerklärung) betrachten.
2. Inhalt der Darstellung genau erfassen und beschreiben.
3. Inhalt der Darstellung deuten und ggf. in Beziehung zum Sachtext setzen, in den sie integriert ist.
4. Darstellung (Art, Herkunft, Aussagekraft ...) bewerten.
5. Gewonnene Informationen für eigene Zwecke, zur Lösung einer Aufgabe o. Ä. nutzen.

Der Zeitungstext „Ein nasser Kriegsgrund“ (S. 88–89) wird von folgender Grafik ergänzt.

1. Schritt: Darstellung erfassen

7 *a) Benenne die Art der Grafik.*

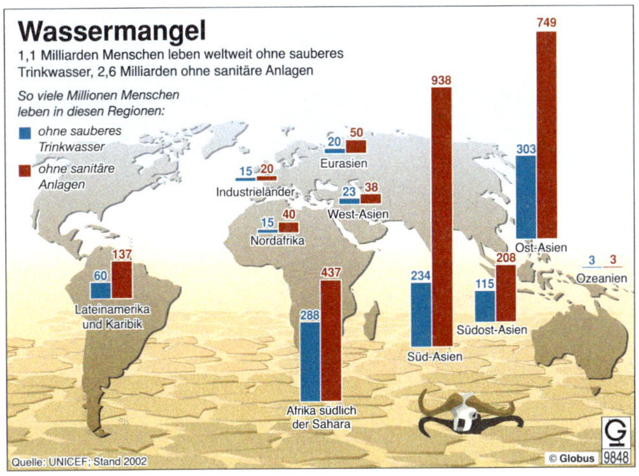

b) Formuliere die Kernaussage der Grafik mit eigenen Worten.

2. Schritt: Inhalt der Darstellung genau erfassen und beschreiben

8 *Kreuze an, welche Aussagen zum Thema „Wassermangel“ in der Grafik tatsächlich gemacht werden.*

- ☐ In Lateinamerika, der Karibik und in Südost-Asien herrscht Trockenheit und daher Wassermangel.
- ☐ In den USA gibt es in allen Gebieten ausreichend Niederschläge.
- ☐ Vor allem in den Entwicklungsländern herrscht ein Mangel an sauberem Trinkwasser.
- ☐ Selbst in Europa gibt es nicht in ausreichender Menge sauberes Trinkwasser.

3. Schritt: Inhalt der Darstellung deuten und in Beziehung zum Sachtext setzen

9 *Erläutere kurz in deinem Heft, welche Bedeutung das Thema „Wassermangel“ für Europa hat. Nutze Text und Grafik.*

10 *Markiere in der Grafik diejenigen Orte, die im Zeitungstext „Ein nasser Kriegsgrund“ (S. 88–89) genannt werden. Überlege, in welchem Punkt die Situation in den USA nicht mit der der anderen Regionen vergleichbar ist.*

4. Schritt: Darstellung (Art, Herkunft, Aussagekraft ...) bewerten

11 *Wichtige Kriterien für die Qualität einer Grafik sind u. a. die Aussagekraft der Zahlenwerte, die Zuverlässigkeit der Quelle, die Ablesbarkeit, die Genauigkeit und die Aktualität. Bewerte die Darstellung auf diese Punkte hin.*

5. Schritt: Gewonnene Informationen nutzen

12 *In der Zeitung liest du, dass der Sudan und Ägypten das Nilwasser fast vollständig für Bewässerungszwecke verbrauchen. Schreibe mit Hilfe der Informationen aus dem Text S. 88–89 und der Grafik einen eigenen kurzen Sachtext, in welchem du die Gründe für das Vorgehen der beiden Staaten nennst und ihr Verhalten bewertest.*

Reden analysieren

Bei der Redeanalyse sind folgende Untersuchungsaspekte wichtig:

- **Redesituation** (Ort, Zeit, Publikum, gesellschaftliche und/oder politische Umstände, Anlass der Rede),
- **Inhalt** der Rede,
- **Redeabsicht**,
- **Struktur** der Rede (Aufbau, Argumentationsführung),
- **rhetorische Mittel** (sprachliche Gestaltungsmittel, die bewusst eingesetzt werden, um einer Rede eine stärkere Wirkung zu verleihen) und
- **sprachliche Gestaltung**:
  - direkte Ansprache der Zuhörerinnen und Zuhörer, z. B. durch Anredepronomen,
  - Wecken des „Wir-Gefühls", z. B. durch das Personalpronomen „wir",
  - Appell an alle für gemeinsame Ziele, z. B. durch Imperative,
  - Wiederholung von Schlüsselwörtern,
  - bildhafte Sprache, z. B. durch Metaphern, Symbole, Vergleiche.

  (▷ Mehr zu rhetorischen Stilmitteln in der hinteren Umschlagklappe.)

Der amerikanische Präsident John F. Kennedy (1917–1963) besuchte während einer Deutschlandreise am 26. Juni 1963 die geteilte Stadt Berlin, die wie kein anderer Ort der Erde die damals herrschende Zweiteilung der Welt in einen kommunistischen und einen kapitalistischen Teil symbolisierte.

John F. Kennedy
Berliner Rede
(gehalten am 26. 06. 1963 vor der Öffentlichkeit, Rathaus Schöneberg, Berlin)

Meine Berliner und Berlinerinnen!
Ich bin stolz, heute in Ihre Stadt zu kommen als Gast Ihres hervorragenden Regierenden Bürgermeisters[1], der in allen Teilen der Welt als Symbol für den Kampf und den Widerstandsgeist West-Berlins gilt. Ich bin stolz, auf dieser Reise die Bundesrepublik Deutschland zusammen mit Ihrem hervorragenden Herrn Bundeskanzler[2] besucht zu haben, der während so langer Jahre die Politik bestimmt hat nach den Richtlinien der Demokratie, der Freiheit und des Fortschritts. Ich bin stolz darauf, heute in Ihre Stadt in der Gesellschaft eines amerikanischen Mitbürgers gekommen zu sein. General Clay[3], der hier tätig war in der Zeit der schwersten Krise[4], durch die diese Stadt gegangen ist, und der wieder nach Berlin kommen wird, wenn es notwendig werden sollte.
Vor zweitausend Jahren war der stolzeste Satz, den ein Mensch sagen konnte, der: Ich bin ein Bürger Roms! Heute ist der stolzeste Satz, den jemand in der freien Welt sagen kann: „Ich bin ein Berliner!" Wenn es in der Welt Menschen geben sollte, die nicht verstehen oder die nicht zu verstehen vorgeben, worum es heute in der Auseinandersetzung zwischen der freien Welt und dem Kommunismus geht, dann können wir ihnen nur sagen, sie sollen nach Berlin kommen. Es gibt Leute, die sagen, dem Kommunismus gehöre die Zukunft. Sie sollen nach Berlin kommen! Und es gibt wieder andere in Europa und in anderen Teilen der Welt, die behaupten, man könne mit den Kommunisten zusammenarbeiten. Auch sie sollen nach Berlin kommen! Und es gibt auch einige wenige, die sagen, es treffe zu, dass der Kommunismus ein böses und schlechtes System sei; aber er gestatte es ihnen, wirtschaftlichen Fortschritt zu erreichen. Aber lasst auch sie nach Berlin kommen!
Ein Leben in der Freiheit ist nicht leicht und die Demokratie ist nicht vollkommen. Aber wir hatten es nie nötig, eine Mauer aufzubauen, um unsere Leute bei uns zu halten und sie daran zu hindern, woanders hinzugehen. Ich möchte Ihnen im Namen der Bevölkerung der Vereinigten Staaten, die viele Tausende Kilometer von Ihnen entfernt auf der anderen Seite des Atlantiks lebt, sagen, dass meine amerikanischen Mitbürger sehr stolz darauf sind, mit Ihnen zusammen selbst aus der Entfernung die Geschichte der letz-

[1] **Willy Brandt** (1913–1992): SPD-Politiker, 1957–1966 regierender Bürgermeister von Berlin, später Bundeskanzler
[2] **Konrad Adenauer** (1876–1967): CDU-Politiker, 1949–1963 Bundeskanzler, entschiedener Verfechter der Westintegration Deutschlands nach dem Zweiten Weltkrieg
[3] **Lucius D. Clay** (1897–1978): General, 1947–1949 Militärgouverneur der amerikanischen Besatzungszone in Deutschland, 1961–1962 persönlicher Berlinbeauftragter Präsident Kennedys
[4] **Berlin-Krisen:** 1948/49: Berlin-Blockade durch Sowjet-Truppen, General Clay organisierte eine Luftbrücke zur Versorgung Berlins; 13. August 1961: West-Berlin wurde hermetisch abgeriegelt, es folgte der Bau der Mauer

ten achtzehn Jahre teilen zu können. Denn ich weiß nicht, dass jemals eine Stadt achtzehn Jahre lang belagert wurde und dennoch lebt mit ungebrochener Vitalität, mit unerschütterlicher Hoffnung, mit der gleichen Stärke und mit der gleichen Entschlossenheit wie heute West-Berlin.
Die Mauer ist die abscheulichste und die stärkste Demonstration für das Versagen des kommunistischen Systems. Die ganze Welt sieht dieses Eingeständnis des Versagens ...
Durch die Mauer werden Familien getrennt, der Mann von der Frau, der Bruder von der Schwester, Menschen werden mit Gewalt auseinandergehalten, die zusammenleben wollen ...
Sie leben auf einer verteidigten Insel der Freiheit. Aber Ihr Leben ist mit dem des Festlandes verbunden, und deswegen fordere ich Sie zum Schluss auf, den Blick über die Gefahren des Heute hinweg auf die Hoffnung des Morgen zu richten, über die Freiheit dieser Stadt Berlin, über die Freiheit Ihres Landes hinweg auf den Vormarsch der Freiheit überall in der Welt, über die Mauer hinweg, auf den Tag des Friedens in Gerechtigkeit.
Die Freiheit ist unteilbar, und wenn auch nur einer versklavt ist, dann sind nicht alle frei. Aber wenn der Tag gekommen sein wird, an dem alle die Freiheit haben und Ihre Stadt und Ihr Land wieder vereint sind, wenn Europa geeint ist und Bestandteil eines friedvollen und zu höchsten Hoffnungen berechtigten Erdteils, dann können Sie mit Befriedigung von sich sagen, dass die Berliner und diese Stadt Berlin zwanzig Jahre lang die Front gehalten haben.
Alle freien Menschen, wo immer sie leben mögen, sind Bürger dieser Stadt West-Berlin, und deshalb bin ich als freier Mann stolz darauf, sagen zu können: Ich bin ein Berliner!

1 a) *Lies die Rede von John F. Kennedy genau.*
b) *Notiere alle Informationen zur Redesituation, die du dem Vorspann und dem Text entnehmen kannst.*

c) *Fasse in ein bis zwei Sätzen die Redeabsicht Präsident Kennedys zusammen.*

2 a) *Markiere im Text zentrale Schlüsselbegriffe, z. B. „Freiheit".*
b) *Erstelle in deinem Heft eine Liste mit diesen Schlüsselbegriffen und erkläre deren genaue Bedeutung im Text. Bedenke, dass diese Begriffe vielleicht im Jahr 1963 eine andere Bedeutung hatten oder anders verstanden wurden als heute (s. „Konnotation", S. 51).*

3 *Beschreibe die sprachlichen Besonderheiten der Rede (▷ hintere Umschlagklappe: „Sprachliche und stilistische Mittel") und deren Wirkung anhand folgender Textstellen:*

Z. 2–15

Z. 16–19

Z. 25–32

Z. 54

4 *Stelle dir eine Checkliste zur Analyse politischer Reden zusammen: Ordne dazu die folgenden Aspekte in die unten stehende Tabelle ein.*

Satzbau Publikum Gliederung der Rede Ort Zeit Nomen

Argumente Anlass angesprochene Sachverhalte Appelle Vorwürfe

Forderungen Hauptaussagen Parteinahme gegen/für Einbeziehen der Medien

offene oder verdeckte Interessen des Redners bestimmter Sprachstil

Bezug auf Autoritäten abwertende oder aufwertende Attribute beabsichtigte Wirkung

verschiedene Sprachvarianten (Umgangssprache, Hochsprache, politische Sprache ...)

Redesituation

Inhalt der Rede

Redeabsicht

sprachliche Gestaltung/ rhetorische Mittel

5 a) *Untersuche die folgende Rede des Bundespräsidenten Horst Köhler vom 21. September 2006. Wende dabei deine Checkliste aus Aufgabe 4 an.*
b) *Schreibe eine vollständige Redeanalyse in dein Heft.*

Horst Köhler (Bundespräsident)

Berliner Rede

(gehalten am 21. 09. 2006 in der Kepler-Schule, Berlin-Neukölln)

Im vergangenen Jahr erreichten in Deutschland 80 000 Jungen und Mädchen keinen Schulabschluss. Es fehlen Ausbildungsplätze – in diesem Herbst wahrscheinlich 30 000. Klingt Ihnen das zu abstrakt? Dann nehmen Sie das Beispiel dieser Schule, der Kepler-Oberschule in Berlin-Neukölln: Am 4. Juli haben hier 51 Schüler ihr Abschlusszeugnis bekommen. Nur einer von ihnen – ich wiederhole: EINER – hatte zu diesem Zeitpunkt eine Lehrstelle gefunden. Weiter: In Deutschland erwerben vergleichsweise wenig junge Menschen die Hochschulreife und zu wenige schließen ein Studium ab. Wir hören von Schulen, in denen Gleichgültigkeit, Disziplinlosigkeit, ja Gewalt den Alltag bestimmen. Auch dadurch verliert unser Land intellektuell und sozial jedes Jahr einen Teil seiner jungen Generation. Und: Ein Kind aus einer Facharbeiterfamilie hat im Vergleich zu dem Kind eines Akademikerpaares nur ein Viertel der Chancen, aufs Gymnasium zu kommen. Die Ursachen dafür mögen vielschichtig sein; der Befund ist beschämend. Bildungschancen sind Lebenschancen. Sie dürfen nicht von der Herkunft abhängen. Darum werde ich immer auf der Seite derer sein, die leidenschaftlich eintreten für eine Gesellschaft, die offen und durchlässig ist und dem Ziel gerecht wird: Bildung für alle.

Gute Bildung stellt den ganzen Menschen in den Mittelpunkt. Diese Erkenntnis finden wir bei Humboldt und Kant, bei Goethe und Pestalozzi. Der Blick auf das Individuum – das muss auch heute unser Ausgangspunkt sein. Gute Bildung geht nicht in erster Linie von gesellschaftlichen Bedürfnissen oder den Anforderungen der Wirtschaft und des Arbeitsmarktes aus. Zuallererst hilft gute Bildung uns, das zu entwickeln, was in jedem einzelnen von uns steckt; was uns von Gott gegeben ist. Dieser Weg steht allen offen – dem Hauptschüler genauso wie dem Abiturienten, dem Jugendlichen genauso wie dem Rentner. Jeder kann etwas, und jeder braucht die Chance, sich durch Bildung weiterzuentwickeln und mehr aus dem eigenen Leben zu machen. Bildung bedeutet nicht nur Wissen und Qualifikation, sondern auch Orientierung und Urteilskraft. Bildung gibt uns einen inneren Kompass. Sie befähigt uns, zwischen Wichtig und Unwichtig und zwischen Gut und Böse zu unterscheiden. Bildung hilft, die Welt und sich selbst darin kennen zu lernen. Aus dem Wissen um das Eigene kann der Respekt für das andere, das Fremde wachsen. Erst wenn Wissen und Wertebewusstsein zusammenkommen, erst dann ist der Mensch fähig, verantwortungsbewusst zu handeln. Und das ist vielleicht das höchste Ziel von Bildung.

Übrigens ist auch Demokratie auf Bildung angewiesen. Unsere freiheitliche Gesellschaft lebt davon, dass mündige Bürgerinnen und Bürger Verantwortung für sich und für das Gemeinwohl übernehmen. Eine Diktatur kann sich ungebildete Menschen leisten – nein: sie wünscht sich die sogar. Eine Demokratie dagegen braucht wache und interessierte Bürger, die Ideen entwickeln und Fragen stellen. Wo die Staatsgewalt vom Volk ausgeht, da kann es nicht gleichgültig sein, in welcher geistigen Verfassung sich das Volk befindet. Und: Wer Populisten, Extremisten und religiösen Fanatikern widerstehen soll, braucht dafür Bildung.

Was brauchen wir, um in unserem Land mehr und bessere Bildung zu erreichen?

Erstens: Bildung braucht Anerkennung! Wer jungen Menschen Bildung vermittelt, hat Achtung und Unterstützung verdient. Und wer mit Freude lernt und sich mit Eifer neues Wissen aneignet, hat Anspruch auf Wertschätzung und Respekt. Anerkennung: Das ist immer noch der stärkste Motivationsfaktor. Bildung braucht zweitens Anstrengung!

Und schließlich drittens: Bildung braucht Vorbilder! Bildung lebt davon, dass Menschen sich am guten Beispiel anderer orientieren, dass sie sich begeistern und mitnehmen lassen. Jeder kann ein Vorbild sein: Eltern, Nachbarn, Trainer, Lehrer, Klassenkameraden. [...]

Ich bin in unserem Land vielen Menschen begegnet, die lernen und etwas aus sich machen wollen. Alle diese Menschen haben Anspruch darauf, dass unser Land die besten Voraussetzungen für Bildung schafft.

Dafür kommt es auf uns alle an, auf unsere Einstellung, auf unsere Anstrengung, auf unser Vorbild. Bildung für alle – das gelingt am besten, wenn sich alle dafür einsetzen, wenn wir alle uns bewegen. Was hindert uns? Auf geht 's!

6 *Bei dieser Rede war auch die Schülerschaft der Schule anwesend. Formuliere den Einstieg der Rede so um, dass dem Redner die Aufmerksamkeit der Schülerinnen und Schüler sicher ist. Schreibe diesen Vorschlag in dein Heft.*

Autoren- und Quellenverzeichnis

S. 88 f.: BEYERS, BERT: Ein nasser Kriegsgrund. Aus: Süddeutsche Zeitung, 14.12.2005; **S. 74 f.:** BÖLL, HEINRICH: Mein teures Bein. Aus: Wanderer, kommst du nach Spa ... dtv, München 1991; **S. 76–83:** BRECHT, BERTOLT: Mutter Courage und ihre Kinder. Suhrkamp, Frankfurt/M. 1999; **S. 84:** DROSTE-HÜLSHOFF, ANNETTE VON: Am Turme. Aus: Sämtliche Gedichte. Insel Verlag, Frankfurt 1988; **S. 86:** EICHENDORFF, JOSEPH VON: Sehnsucht. Aus: Meine deutschen Gedichte. Hg. Hartmut von Hentig. Kallmeyer, Seelze – Velber 2001, S. 103; **S. 87:** HEINE, HEINRICH: Mein Herz, mein Herz ist traurig. Aus: Buch der Lieder. Hg. Joseph Kiermeier-Debre. dtv, München 2006; **S. 44–47, 54–57:** KEHLMANN, DANIEL: Die Vermessung der Welt. Rowohlt, Reinbek bei Hamburg 2005; **S. 66–69:** KELLER, GOTTFRIED: Romeo und Julia auf dem Dorfe. Aus: Die Leute von Seldwyla. Hg. von Thomas Böning. Deutscher Klassiker Verlag, Frankfurt/M. 2006, S. 69 ff.; **S. 92 f.:** KENNEDY, JOHN F.: Berliner Rede, gehalten 26.06.1963. Bulletin der Bundesregierung Nr. 110 1963; **S. 22 f.:** KNAUSS, SIBYLLE: Kompetenz hat kein Geschlecht. Aus: Kölner Stadt-Anzeiger, 28.5.1998; **S. 95:** KÖHLER, HORST: Berliner Rede, gehalten in der Kepler-Oberschule, Berlin-Neukölln, 21.09.2006. Bundespräsidialamt, Berlin 2006; **S. 48:** KUNZE, REINER: Nachhall. Aus: Die wunderbaren Jahre. S. Fischer Verlag, Frankfurt 1967; **S. 51:** LAGARDE, FRANCE DE: Die Bewerbung. Aus: Wir Frauen. Hg. Demokratische Fraueninitiative Köln. Pahl Rugenstein 1979; **S. 63:** LORIOT: Elefanten-Creme, Nilpferd in Burgunder. Aus: Loriots Kleiner Ratgeber. dtv, München 1999, S. 21 u. 25; **S. 64:** MEYER, CONRAD FERDINAND: Der Heilige. Novelle. Philipp Reclam Jun., Stuttgart 1991; **S. 26 f.:** SCHLÖGL, MARTIN: Lara Croft wohnt hier nicht mehr. Aus: Frankfurter Allgemeine Zeitung, 2.3.2006; **S. 71–73:** TIMM, UWE: Am Beispiel meines Bruders. Kiepenheuer & Witsch, Köln 2003; **S. 31 f.:** WEISENBORN, GÜNTHER: Die Aussage. Aus: Memorial. Desch, München 1947, S. 35-42

Bildquellenverzeichnis

S. 3 links, 64, 76, 84: picture-alliance/akg-images, Frankfurt/M.; **S. 3 rechts, S. 4, 59 unten:** picture-alliance/dpa/dpaweb, Frankfurt/M.; **S. 5:** Cover von Deutschland. Ein Wintermärchen: Mit freundlicher Genehmigung des Insel Verlages, München; **S. 28, 60, 65, 66, 80 unten, 95:** picture-alliance/dpa, Frankfurt/M.; **S. 29:** picture-alliance/ZB, Frankfurt/M.; **S. 32:** ullstein/CARO/Muhs, Berlin; **S. 41:** panama fotoproduktion, Düsseldorf; **S. 51:** Cartoon von Peter Butschkow: CATPRINT MEDIA GmbH, Langenhagen; **S. 59 oben:** ullstein/CARO/Westermann, Berlin; **S. 63:** Zeichnung aus: Loriots Kleiner Ratgeber, Copyright © 1974, 2004 Diogenes Verlag AG, Zürich; **S. 80 oben:** ullstein, Berlin; **S. 89:** imago Stock & People GmbH, Berlin; **S. 91:** Globus Infografik GmbH, Hamburg; **S. 92:** ullstein/Blume, Berlin

Redaktion: lüra – Klemt & Mues GbR, Wuppertal
Illustrationen: Maja Bohn, Amelie Glienke, Klaus Müller
Umschlaggestaltung: Katrin Nehm (Foto: Thomas Schulz, Illustration: Nina Pagalies)
Technische Umsetzung: Anna-Maria Klages, Wuppertal

www.cornelsen.de

Dieses Werk berücksichtigt die Regeln der reformierten Rechtschreibung und Zeichensetzung. Bei den mit Ⓡ gekennzeichneten Texten haben die Rechteinhaber einer Anpassung widersprochen.

1. Auflage, 6. Druck 2018

Druck: Firmengruppe APPL, aprinta Druck, Wemding

ISBN 978-3-464-60361-1

PEFC/04-32-0928

PEFC zertifiziert
Dieses Produkt stammt aus nachhaltig bewirtschafteten Wäldern und kontrollierten Quellen.
www.pefc.de